金教鞭

幼儿园
教育活动计划编撰技巧50例

吴振东　主编

海峡出版发行集团 | 福建人民出版社
THE STRAITS PUBLISHING & DISTRIBUTING GROUP | FUJIAN PEOPLE'S PUBLISHING HOUSE

图书在版编目（CIP）数据

幼儿园教育活动计划编撰技巧50例/吴振东主编.
--福州：福建人民出版社，2017.4（2024.6重印）
ISBN 978-7-211-07609-3

Ⅰ.①幼… Ⅱ.①吴… Ⅲ.①幼儿园—教学活动—教学设计 Ⅳ.①G612

中国版本图书馆CIP数据核字（2017）第038590号

幼儿园教育活动计划编撰技巧50例
YOU'ERYUAN JIAOYU HUODONG JIHUA BIANZHUAN JIQIAO 50 LI

主　　编：吴振东
责任编辑：赵　玮
出版发行：福建人民出版社　　**电　　话**：0591-87533169（发行部）
网　　址：http://www.fjpph.com　　**电子邮箱**：fjpph7211@126.com
地　　址：福州市东水路76号　　**邮政编码**：350001
经　　销：福建新华发行（集团）有限责任公司
印　　刷：福建新华联合印务集团有限公司
地　　址：福州市晋安区福兴大道42号
电　　话：0591-88208420
开　　本：720毫米×1000毫米　1/16
印　　张：14.25
字　　数：230千字
版　　次：2017年4月第1版
印　　次：2024年6月第3次印刷
书　　号：ISBN 978-7-211-07609-3
定　　价：39.00元

前　言

教育是一种有组织、有计划地促进人发展的实践活动。作为幼儿园教育载体的课程活动，自然也具有鲜明的目的性与计划性。这意味着教师在组织教育活动之前，就必须对该活动的开展做好充分的准备与精心的设计，如对活动内容所蕴含的能促进幼儿身心发展的潜在价值做深入分析，对活动开展的准备工作、活动开展的可能路径等做一番周全的谋划。即使是在以生成课程为特色的瑞吉欧教育体系中，他们也没有因强调生成成分而削弱对活动的准备力度。相反，他们对活动的准备可谓是有过之而无不及。常言道，机会总是垂青于有准备之人。在与幼儿互动之前，假如教师没有做好充分的准备，头脑空空如也，那么教师该如何接住幼儿抛来的“球”，并以继续与幼儿玩下去的方式将“球”抛给幼儿呢？瑞吉欧教育体系的教师认为：“假如成人已经想到一千种假设，那么我们很容易接受出现一千零一甚至是两千种假设的事实，当成人自己曾经想过许多可能性时，会持开放的角度去面对新的想法，也比较容易接受未知的事物。只持有一个假设会导致成人将全部的注意力集中在该问题。”因而，对每位幼儿园教师而言，编撰具体的教育活动计划，不仅是他们需要完成的重要的分内工作，也是他们在专业发展进程中必须经历的重要内容，更是他们彰显专业基本功的重要途径之一。

具体教育活动计划的编撰工作，涉及教师对活动内容的选择与分析、活动目标的拟订与表述、活动形式的选用以及活动环节的设计等相关问题，反映的是教师的儿童观、学习观与教学观等专业基础理论素养，以及关乎教师对各领域内容与教育要求等基本的课程与教学素养。本书在介绍具体教育活动计划编撰的基本技巧时，主要围绕活动目标的制订、活动环节的设计、活动形式的运用和活动内容的选择四个维度，采用批注的方式对活动计划编撰的具体技巧与基本要求进行详细的阐述。本书尽管在目录编排时也是按照这四个维度来分类的，但在每篇活动计划的批注时，还是坚持采用通篇逐一批注的方式，尽可能将原来活动计划中存在的问题、原因及具体的修改思路与理由逐一呈现，尽量做到让读者不仅“知其然”，而且“知其所以然”，以达到举一反三、触类旁通之效。在详细批注之后，本书还附上根据批注而修订的计划，旨在便于读者就活动计划批注前后的变化做比较清晰的比对学习。本书所选取的这些教育活动计划的编撰者为幼儿园新教师，或是在校学前教育专业高年级学生，具有较强的真实性和针对性；在活动案例的选取上，尽量涵盖五大领域和三个年龄段，以及各领域活动常见的活动类型；活动计划的基本格式为“活动名称、活动目标、活动准备、活动过程、活动延伸”，有的活动计划前还有“设计意图”；在活动计划编订的详略程度上，采取适中原则，既有详细的交代，也有简约的处理，尽可能突显其在实践指导上的实用性。本书受众定位于在校学前教育专业高年级学生、幼儿园新教师，以及承担指导新教师专业发展的各级教研员和业务园长。

本书由本人动议编撰，体例的确定及最后的修改与统稿工作亦由本人负责。本书也是由本人所主持的福建省中青年教师教育科研社科 A 类项目“幼儿教师教育观察能力培养教程”（项目编号：JAS14879）的阶段性研究成果。参与本书具体案例的批注与修订工作的人员均一一注明，她们是泉州幼儿师范高等专科学校学前教育系许琼华副教授、严碧芳副教授、曹桂莲讲师、叶惠玲讲师，南安教师进修学校杨凯红老师（中学高级教师），晋江市第四实验幼儿园刘志清老师（中学高级教师）。

鉴于编写者学识水平所限，书中纰漏之处在所难免，敬请同行专家与读者不吝指正。

吴振东

2016 年 10 月

Contents 目录

第一辑　活动目标制订问题

教师制订具体的教育活动计划，一般是先依据阶段性教育目标以及幼儿兴趣、需要和经验，或基于现有的活动材料、所遇到的具有课程价值层面的问题，选取并确定适宜的活动内容（载体），再对活动内容（载体）进行分析，拟订相应的活动目标，最后围绕所拟订的活动目标的有效达成，就活动形式、活动环节等进行一番精心设计。从活动计划设计的基本程序来看，活动目标决定着所选取的活动内容具体展开的基本形式和基本走向，也是检验活动实施效果的重要评价依据。尽管在生成课程理念的熏陶下，对活动效果的评价思路已逐渐由“关注既定目标”转向“关注实施过程”，或是两者兼而有之，但活动目标在整个活动实施中的导向功能仍然是不可忽视的。活动目标拟订的适宜性与表述的规范性，往往也是评判一份教育活动计划质量高低的基本要素之一。

影响活动目标制订质量的高低主要有三个要素。

一是对活动内容（载体）的价值分析。对活动内容（载体）所做的价值分析是一种纵深式的分析，其主要目的是将蕴含在内容（载体）中可促进幼儿身心发展的潜在价值合理地挖掘出来，并结合幼儿的发展实际和活动开展的可行性制订出科学合理的活动目标。在对活动内容（载体）进行价值分析时，幼儿教师往往注重认知层面，即知识价值和能力价值，而对于情感价值则较为忽视，甚至出现严重偏颇的现象。尤其是在对幼儿文学作品的分析上，教师往往会因过分强调“教育性”“知识性”，而对作品进行曲解或误读，严重破坏了作品本身所蕴含的浓厚的文学性。究其原因，除受重智思想影响外，活动内容蕴含的情感价值相对隐蔽、不易发现是另一个重要原因。例如，有的教师将《理发师的奇遇》这一故事学习的活动目标定为：“知道人不可貌相，不可以从表面看问题”；“理解故事内容，体验故事中理发师的心情变化”；“喜欢故事，并会用自己的方式表达故事内容”。这显然是对该故事所表达的主题理解不到位，甚至有误读之嫌。《理发师的奇遇》通篇内容突显的是一个“奇”字，即故事中意想不到的情节发展，而意想不到的情节发展所带来的必然是当事人心情的大起大落，即理发师遇到事情前后心情的变化。这应该说是故事的主线，也是故事吸引人的地方。因而，该活动目标宜改为："理解故事内容，体验故事中理发师的心情变化"；"能根据故事提供的材料合理续编故事的结局"；"喜欢故事中狮子善良与宽容的性格"。

二是活动目标制订的适宜性。这指的是所拟订的活动目标既能适合幼儿已有经验水平、认知特点，又能让幼儿经过自身努力或在教师指导、同伴帮助下达到预期水平。目标适宜性的把握，取决于教师对《3～6岁儿童学习与发展指南》（以下简称《指南》）所描述的"各年龄段典型表现"以及对幼儿现实情况的熟悉程度，即对"常模儿童"与"现实儿童"的了解与拿捏。例如，在小班科学活动"有趣的海绵宝宝"中，教师将活动目标拟订为："感知海绵有弹性"；"对海绵的特性感到好奇，愿意大胆猜想并验证"；"乐意参加探索活动，对'弹性'的科学现象感兴趣"。该活动目标存在的主要问题，一是认识物质的弹性超出小班幼儿的认知水平，宜调整为"能运用多种感官感知海绵软、轻、会吸水等特性"；二是要求小班幼儿"大胆猜想并验证"，不符合《指南》所提出的小班年龄段目标，在小班年龄段宜注重让幼儿运用多种感官或动作探索物体，并用自己的语言描述探索过程和结果。

三是活动目标表述的规范性。这指的是活动目标中的行为主体要统一，且以幼儿的角度进行表述；目标表述应具体明确，尽可能达到可观测、可操作的水平。例如，在大班社会活动"英都麻糍"中，教师所拟订的活动目标是："初步学习制作麻糍的技能，提高幼儿的实践动手能力"；"体验家乡的风味小吃，激发幼儿对家乡的热爱之情"。这个活动目标存在的问题有：第一，在同一条目标中，前后分句的行为主体不一致；第二，目标定位不准，对于本活动而言，重点是让幼儿积极参与制作活动，模仿成人制作麻糍，体验自制家乡风味小吃的乐趣；第三，有的目标属于中长期目标，非一个活动能达到，如"激发幼儿对家乡的热爱之情"。因而，建议将目标修改为："能积极参与制作麻糍的操作活动"；"喜欢动手制作食物，体验自制风味小吃的快乐"。

拍拍走走（小班·健康）

活动目标

1. 喜欢参与集体活动，并与同伴分享生活经验。

2. 坚持带领幼儿进行户外体育活动。

本活动目标存在的主要问题：一是没有很好突显健康领域的核心价值，目标1属于社会领域的目标，目标2对体育活动要求不明确；二是目标表述出现行为主体不一致的现象，目标1、目标2的行为主体分别是幼儿和教师。建议改为："1. 能沿地面直线走，并能听信号变换速度。2. 愿意参加体育活动，体验参与体育活动的乐趣。"

活动准备

教育挂图，进行曲的音乐，轻柔欢快的音乐。

如果要以音乐节奏为信号，那么活动所使用的音乐应该是幼儿熟悉的且与本活动内容性质相一致的音乐，才能为活动的顺利完成提供必要的保障。同时，作为户外体育活动，涉及场地方面的准备工作应做明确交代。建议改为："1. 物质准备：教育挂图，幼儿熟悉的、轻柔欢快的音乐。2. 场地安排：在场地上画出直线。"

活动过程

一、开始部分。

听音乐，拍手律动，进行节奏练习。

作为体育活动的导入环节，除了应具有激发幼儿参与活动的兴趣之功能外，还有一项重要的任务就是为整节体育活动的顺利开展做运动技能上的准备，即体育热身活动。建议改为："听音乐，拍手律动，做准备运动。"

二、基本部分。

1. 出示教育挂图，请幼儿观察画面，并说出图中有几个小朋友、他们在干什么。（指导幼儿用右手的食指进行点数，点数的时候按从左到右的顺序依次进行，眼睛要跟上手指。）

引导语：嗯，刚才小朋友们数得真棒，小手伸得也很对，继续努力啊！

2. 引导语：那我们也学着他们的样子出去走走吧。

3. 听音乐，念着儿歌走出活动室。

引导语：走走走，一个跟着一个走，不推不挤也不闹，我们都是好朋友。哇！小朋友们走得真好，队伍排得好整齐啊！后面的小朋友不要掉队啊，听好了，小朋友们，音乐要变了。

（1）听音乐，改变步子的快慢。

幼儿自由练习。音乐节奏变快时，步伐就加快；音乐节奏减缓时，步伐就变慢。

（2）听音乐，边拍手边走路。注意左右脚的交替要一致，手脚要一致。

4. 听音乐，变换队形走。

5. 原地踏步，变换手的动作，激发幼儿创编动作的兴趣。

6. 集体做体育游戏。

引导幼儿根据音乐的变化，变换拍手和踏步的速度。听到高音区就快拍手、快走，听到中音区就按两拍子的速度拍手、走路，听到低音区就放慢拍手、走路的速度。

（1）幼儿自由进行练习。

（2）分组比赛进行，看哪一组合作得好。

7. 活动自然结束。

本活动过程的设计存在的主要问题：一是偏向音乐游戏，没有达到体育锻炼的要求，总体的设计思路应是将音乐作为体育活动的信号，活动过程应突出体育活动的目标，即“根据音乐信号走直线和听信号改变速度行走”；二是目前在活动过程的表述形式上，比较少采用“开始”“基本”“结束”三部分，而是直接用标号表示各环节的先后顺序。

活动延伸

1. 自由进行户外活动，要注意安全，遵守各项游戏规则。

2. 让幼儿回家跟爸爸妈妈一起散步，体验跟家人在一起的快乐。

（杨凯红批注）

拍 拍 走 走（修订后计划）

活动目标

1. 能沿地面直线走，并能听信号变换速度。

2. 愿意参加体育活动，体验参与体育活动的乐趣。

活动准备

1. 物质准备：教育挂图，幼儿熟悉的、轻柔欢快的音乐。

2. 场地安排：在场地上画出直线。

活动过程

一、听音乐，拍手律动，做准备运动。

二、听音乐，念着儿歌练习走直线。

1. 欣赏教育挂图，观察画面并说出图中有几个小朋友、他们在干什么。

（1）指导幼儿用食指进行点数，点数的时候按从左到右的顺序依次进行，眼睛要跟上手指。

（2）引导语：嗯，刚才小朋友们数得真棒，小手伸得也很对，继续努力啊！我们也学着他们的样子出去走走吧。

2. 听音乐，念着儿歌走直线。

引导语：走走走，一个跟着一个走，不推不挤也不闹，我们都是好朋友。哇！小朋友们走得真好，队伍排得好整齐啊！后面的小朋友不要掉队啊，听好了，小朋友们，音乐要变了。

（1）听音乐，改变步子的快慢。

幼儿自由练习，当音乐节奏变快时，步伐就加快；音乐节奏减缓时，步伐就变慢。

（2）听音乐，边拍手边走路。

幼儿自由练习；注意左右脚的交替要协调，手臂摆动要自然。

三、听音乐，变换队形走。

四、原地踏步，变换手的动作，激发创编动作的兴趣。

五、集体做体育游戏。

1. 游戏玩法：根据音乐的变化，变换拍手和踏步的速度。听到高音区就快拍手、快走，听到中音区就按两拍子的速度拍手、走路，听到低音区就放慢拍手、走路的速度。

2. 自由练习。

3. 分组比赛。

六、活动自然结束。

活动延伸

1. 开展户外活动，继续播放音乐，幼儿自由游戏。

2. 让幼儿回家跟爸爸妈妈一起散步，体验跟家人在一起运动的快乐。

小熊拔牙（小班·健康）

活动目标

1. 理解故事内容，懂得保护牙齿的重要性。

2. 懂得吃糖果要适量，知道保护牙齿的方法。

3. 能完整讲述故事中的角色对话。

本活动目标没有体现出健康领域的核心价值，将健康领域目标与语言领域目标相混淆。根据《指南》，该活动应体现“具有良好的生活与卫生习惯”的目标要求。

活动准备

熊妈妈、小熊、兔大夫头饰各一个，《牙齿保健图》一份。

“《牙齿保健图》一份”建议改为“音乐《刷牙歌》”，或许更能激发幼儿参与活动的兴趣。

活动过程

一、情境表演导入，激发兴趣。

引导语：小朋友们，今天老师带来了一个故事，名字叫《小熊拔牙》。你们猜一猜小熊的牙怎么啦。

二、教师讲述故事，结合故事提问，理解故事内容。

本环节的重点是培养幼儿的健康意识，理解故事只是手段而不是目的。建议改为：“讲述故事，引导幼儿理解小熊牙疼的原因。”

引导语：现在小朋友认真听故事。小熊吃了什么？谁给它吃糖的？后来谁来帮助它？小熊吃了这么多的糖果，它感觉怎么样？这样做对吗？

应围绕目标依次提出以下问题：“①小熊为什么会牙疼？（爱吃糖果，又不爱刷牙，不爱漱口。）②谁来帮助它？③后来小熊是怎么做的？”

三、结合日常生活教育幼儿要保护牙齿。

建议改为：“结合生活经验，引导幼儿讨论如何保护牙齿。”

引导语：那我们该不该像小熊那样吃那么多的糖果呢？它感觉怎么样？这样做对吗？那我们应该要怎么做呢？

小结：应该少吃糖，多吃一些水果和蔬菜。

教师所设计的问题在简洁性与指向性方面都有待改进。建议改为：“①为什么不能吃太多甜食？②生活中怎早晚要刷牙，吃完东西要漱口。

四、引导幼儿学习正确的刷牙方法。

1. 引导语：现在我们来看看《牙齿保健图》，学习怎么保护牙齿。我们拿小手当牙刷，一起来刷一下牙齿吧！

2. 组织幼儿徒手练习。

么保护牙齿？”

本环节建议改为：“播放《刷牙歌》，引导幼儿学习正确的刷牙方法，并徒手练习。”

（许琼华批注）

小熊拔牙（修订后计划）

活动目标

1. 知道吃太多甜食会导致蛀牙，影响身体健康。

2. 懂得要保护好自己的牙齿，愿意早晚刷牙。

活动准备

熊妈妈、小熊、兔大夫头饰各一个，音乐《刷牙歌》。

活动过程

一、情境表演导入，激发兴趣。

引导语：小朋友们，今天老师带来了一个故事，名字叫《小熊拔牙》。你们猜一猜小熊的牙怎么啦。

二、讲述故事，引导幼儿理解小熊牙疼的原因。

提问：①小熊为什么会牙疼？②谁来帮助它？③后来小熊是怎么做的？

三、结合生活经验，引导幼儿讨论如何保护牙齿。

1. 提问：①为什么不能吃太多甜食？②生活中怎么保护牙齿？

2. 小结：吃太多甜食容易引起蛀牙，应该少吃糖，多吃一些水果和蔬菜。早晚要刷牙，吃完东西要漱口。

四、播放《刷牙歌》，引导幼儿学习正确的刷牙方法，并徒手练习。

1. 引导语：小朋友们会刷牙吗？我们来教教小熊刷牙，好吗？一起听《刷牙歌》，学习正确刷牙吧！

2. 组织幼儿徒手练习。

活动延伸

家园合作，引导幼儿坚持早晚刷牙，保护牙齿。

小猫的生日（小班·语言）

活动目标

1. 了解小猫过生日的特殊经历，能在遇到问题时，动脑筋去解决，体验共同分享的快乐。

2. 仔细观察事物的局部特征，进行合理的猜测，能正确地判断事物整体。

如果是作为故事学习的活动，那么理解故事内容是不可或缺的目标。如果幼儿对故事内容不理解，那么幼儿对故事情感基调的感受，或者对故事主要情节、人物出场顺序、人物间对话等的把握就无从谈起。

这则故事对小班幼儿来说，应该是体验与朋友一起过生日的快乐，“体验与朋友一起过生日的快乐”会比“体验共同分享的快乐”更贴切。因为学会过集体生活，与同伴友好相处，是小班很重要的学习内容与发展目标。同时这也是这个活动最有价值的目标，在活动的组织与指导过程中，要将这一目标尽量突显出来。建议改为：“1. 理解故事内容，体验与朋友一起过生日的快乐。2. 能从影子的整体或者局部轮廓正确地判断事物的整体。3. 体验积极参与大胆想象、合理猜测的乐趣。”

活动准备

1. 课件“小猫的生日”。

2. 布袋一个，小猫手偶或头饰。

3. 生日蛋糕一份。

4. 自制的印有物体影子的礼品袋若干个，对应的礼物图片若干张。

这个活动顺利开展的前提是幼儿要有过生日的生活经验，因而有必要交代一下经验准备。

活动过程

一、猜朋友。

1. 出示布袋，让幼儿猜猜里面是谁。（小猫。）

2. 引导语：谁愿意和小猫做朋友啊？小猫是什么表情？今天小猫

本环节建议以与幼儿简短谈话的方式引入，即教师引导幼儿回忆自己是怎样过生日的。这样引入有助于唤醒幼儿已有的生活经验，也为活动内容的提出做好必要的铺垫。在与幼儿谈完过生日经历后（当然教师在与遇到了一件特别开心的事情，你们知道是什么事吗？

3. 出示一张小猫过生日的图片：你们过生日吗？为什么喜欢过生日呢？

4. 引导语：究竟小猫过生日会遇到什么事呢？让我们一起来听一个故事吧。

二、讲述故事《小猫的生日》。

1. 播放课件，分段讲故事，引导幼儿观察、猜测小猫家来的客人。

2. 提问：①发生了什么事？②停电了，该怎么办？③小猫想出了什么好办法呢？

3. 小结：原来遇到问题只要动脑筋就能解决。瞧，小猫的屋子又变亮了。

4. 重点提问：①小猫家来了哪些客人？（有小兔、猴子、刺猬等好多朋友。）②你怎么知道是小兔、猴子、刺猬呢？从哪儿猜出来的？

5. 小结：哇！来了这么多小客人，小猫家可热闹啦！

三、操作游戏：小猫的礼物。

1. 引导语：小客人手里拿的是什么东西啊？（礼物。）里面装的是什么礼物呢？请你们猜一猜。

2. 引导语：这么多礼物啊，你们想不想看？不过今天有点麻烦。在昏暗的屋子里，只能看到礼物模模糊糊的影子，你们看，是不是啊？

幼儿谈话时，应着力于唤醒幼儿关于过生日的喜悦之情），教师可以将话锋一转："今天我们班也来了一位特殊的客人，要与小朋友一起过生日，小朋友想不想知道是谁呢？"然后直接出示小猫手偶或头饰，直接转入故事讲述环节。

建议在开展这个游戏之前，再完整讲述一遍故事，让幼儿对故事有完整的感知，同时，也可以将完整讲述故事作为一个过渡环节来处理，使欣赏故事与操作游戏之间有个比较自然的过渡。

（出示带有影子的礼品袋和相应的礼物。）

3. 引导语：别着急，现在请你们来帮帮小猫，帮它想想这些是什么礼物的影子，然后把礼物贴在影子上面，你们愿意帮小猫吗？

4. 引导幼儿操作，在黑板上找到礼物，将它贴在礼品袋上，并说一说自己找到了什么礼物。

5. 小结：小猫今天过了一个快乐的生日。虽然在过生日的时候停电了，但是小猫开动脑筋解决了问题，所以它是一只聪明的小猫。小朋友也应该像小猫一样，遇到问题时积极动脑筋想办法。

四、为小猫庆祝生日。

在分段讲述完故事后，应该要有完整欣赏故事的环节，之后才能让幼儿体验一起过生日的情境。

1. 引入情境表演：“小猫”在门外“咚咚”敲门，然后捧着蛋糕走进活动室，说：“谢谢你们，刚才帮我找到了礼物，现在我请你们一起吃我的生日蛋糕，好吗？”

2. 一起唱生日歌，共同分享生日蛋糕。

五、活动结束。

此处没有点明以什么具体方式结束。建议采用全班为小猫庆生的形式结束，即以为小猫庆祝生日的活动形式，将整个活动推向高潮。此举一是做到首尾呼应，二是紧扣活动目标“体验与朋友一起过生日的快乐”。

（严碧芳批注）

小猫的生日（修订后计划）

活动目标

1. 理解故事内容，体验与朋友一起过生日的快乐。

2. 能从影子的整体或者局部轮廓正确地判断事物的整体。

3. 体验积极参与大胆想象、合理猜测的乐趣。

活动准备

1. 经验准备：幼儿有过生日的相关生活经验。

2. 物质准备：小猫手偶或头饰，课件“小猫的生日”，生日蛋糕一份，自制的印有物体影子的礼品袋若干个，对应的礼物图片若干张。

3. 资源利用：请一个幼儿扮演小猫，捧着生日蛋糕走进活动室和幼儿一起分享。

活动过程

一、简短谈话引入，激发幼儿兴趣。

1. 提问：小朋友过生日是一件很高兴的事，谁愿意上来跟大家说一说你是怎样过生日的？

2. 出示小猫手偶或头饰。

引导语：今天我们班也来了一位特殊的客人，要与小朋友一起过生日，小朋友想不想知道是谁呢？

二、借助课件，分段讲述故事《小猫的生日》。

1. 讲述故事第一段。

（1）提问：①发生了什么事？②停电了，该怎么办？③小猫想出了什么好办法呢？

（2）小结：原来遇到问题只要动脑筋就能解决。瞧，小猫的屋子又变亮了。

2. 依次讲述故事第二、三段。

（1）提问：①小猫家来了哪些客人？②你怎么知道是小兔、猴子、刺猬呢？从哪儿猜出来的？

（2）小结：哇！来了这么多小客人，小猫家可热闹啦！

三、操作游戏，给小猫送礼物。

1. 完整讲述一遍故事。

引导语：小猫的许多好朋友都来它家给小猫庆祝生日，小朋友想不想也给小猫送生日礼物呢？

2. 幼儿给小猫送礼物。

（1）提问：小朋友给小猫送了很多礼物，但是小猫的家没有电了，屋子里很昏暗，只能看到礼物模模糊糊的影子，你们想不想猜一猜这些礼物到底是什么东西呢？

（2）出示带有影子的礼品袋和相应的礼物。

引导语：现在请你们来帮帮小猫，帮它想想这些是什么礼物的影子，然后把礼物贴在影子上面，你们愿意帮小猫吗？

（3）引导幼儿操作，在黑板上找到礼物，将它贴在相应的礼品袋上，并说一说自己找到了什么礼物。

（4）小结：老师来检查一下小朋友是否猜对了。今天小猫过了一个快乐的生日。虽然在过生日的时候停电了，但是小猫开动脑筋解决了问题，所以它是一只聪明的小猫。小朋友也应该像小猫一样，遇到问题时积极动脑筋想办法。

四、为小猫庆祝生日。

1. 引入情境表演："小猫"在门外"咚咚"敲门，然后捧着蛋糕走进活动室，说："谢谢你们帮我找到了礼物，现在我请你们一起吃我的生日蛋糕，好吗？"

2. 一起唱生日歌，共同分享生日蛋糕。

五、活动在全班为小猫庆生中自然结束。

水果宝宝去旅行（小班·语言）

活动目标

1. 乐于参与活动，体验活动的快乐。

2. 理解儿歌内容，学习短句："××××上火车，咔嚓咔嚓去旅行。"

3. 尝试仿编儿歌。

本活动目标存在的问题：一是目标1后半句的表述应尽可能结合活动内容，阐述得更加具体明确，建议改为"体验运用儿歌进行游戏的快乐"；二是儿歌一般具有内容浅显、朗朗上口的特点，幼儿理解不会有太大的困难，目标2前半句表述不妥；三是就本活动而言，应将活动要求定位为熟悉儿歌内容及格式，尝试仿编儿歌。活动目标建议改为："1. 熟悉儿歌内容，能根据儿歌结构尝试仿编儿歌。2. 学习短句：'××××上火车，咔嚓咔嚓去旅行。'3. 乐于参与活动，体验运用儿歌进行游戏的乐趣。"

活动准备

物质准备：音乐《火车开啦》，儿歌课件"水果宝宝去旅行"，火车图片，西瓜爷爷及常见水果宝宝的胸饰。

本活动需要幼儿具有相关的经验准备，建议增加："经验准备：活动前引导幼儿认识常见水果。"

活动过程

一、情境激趣，引导幼儿初步感受儿歌内容。

1. 播放《火车开啦》，吸引幼儿的注意力。

引导语：听，这是什么声音？什么开过来了？（边说边出示火车图片，并引出儿歌第一句："西瓜爷爷开火车，咔嚓咔嚓去旅行。"）

2. 结合课件依次出示"水果宝宝"，引导幼儿初步感受儿歌。

活动环节要为目标服务，建议在该环节及时渗透儿歌中相关短句的学习，如引导幼儿观察西瓜爷爷请哪些水果宝宝去旅行，学

二、借助课件，引导幼儿学习儿歌。

1. 教师按一定的节奏完整朗诵儿歌，幼儿欣赏。

2. 幼儿学习朗诵儿歌。

(1) 结合图谱进行朗诵。

(2) 按节奏边拍手边朗诵儿歌。

(3) 尝试运用肢体动作表现儿歌。

三、设置悬念，鼓励幼儿尝试仿编儿歌。

1. 提问：还有一节车厢空着呢，你想请哪个水果宝宝上火车？(可以请菠萝、草莓、樱桃等。)那你会用好听的话来请水果宝宝上火车吗？

2. 引导幼儿用不同的水果仿编儿歌："××××上火车，咔嚓咔嚓去旅行。"

四、师幼游戏，结束活动。

教师扮西瓜爷爷，幼儿扮水果宝宝，边朗诵儿歌边按顺序上火车去旅行。

说"××××上火车，咔嚓咔嚓去旅行"等。

活动准备中没有图谱，再说教具应充分发挥其价值，教师在处理教具时应有实际利用率的意识，教具的准备不是越多越好，而应坚持"实用够用、充分利用"的原则。这里其实完全可以利用多媒体课件，为什么一定要用纸质图谱呢？建议改为："(1) 幼儿根据课件提示，学习朗诵儿歌。"

环节四的目的是让幼儿"玩中学、学中玩"，但表述过于笼统，无法获知幼儿在活动中到底是怎样游戏的。教师在活动计划中应将该游戏具体开展的相关步骤交代清楚。建议改为："四、师幼快乐游戏，巩固学习儿歌。1. 幼儿戴上水果胸饰扮演水果宝宝。2. 提出游戏要求：老师当西瓜爷爷，请你们这些可爱的水果宝宝去旅行，被请到的水果宝宝，赶紧上来跟在后面。3. 师幼游戏：'西瓜爷爷'带着'水果宝宝'随音乐去旅行。"

(刘志清批注)

水果宝宝去旅行（修订后计划）

活动目标

1. 熟悉儿歌内容，能根据儿歌结构尝试仿编儿歌。

2. 学习短句："××××上火车，咔嚓咔嚓去旅行。"

3. 乐于参与活动，体验运用儿歌进行游戏的乐趣。

活动准备

1. 经验准备：活动前引导幼儿认识常见水果。

2. 物质准备：音乐《火车开啦》，儿歌课件“水果宝宝去旅行”，火车图片，西瓜爷爷及常见水果宝宝的胸饰。

活动过程

一、情境激趣，引导幼儿初步感受儿歌内容。

1. 播放《火车开啦》，激发幼儿活动兴趣。

引导语：听，这是什么声音？什么开过来了？（边说边出示火车图片，并引出儿歌第一句：“西瓜爷爷开火车，咔嚓咔嚓去旅行。”）我们和西瓜爷爷打声招呼吧。

2. 结合课件引导幼儿观察西瓜爷爷请哪些水果宝宝去旅行，并学说：“××××上火车，咔嚓咔嚓去旅行。”

二、借助课件，引导幼儿学习儿歌《水果宝宝去旅行》。

1. 教师按节奏完整朗诵儿歌，幼儿欣赏。

2. 幼儿学习朗诵儿歌。

(1) 幼儿根据课件提示，学习朗诵儿歌。

(2) 幼儿按节奏边拍手边朗诵儿歌。

(3) 幼儿尝试运用肢体动作表现儿歌。

三、设置悬念，鼓励幼儿尝试仿编儿歌。

1. 引导语：还有一节车厢空着呢，你想请哪个水果宝宝上火车？（可以请菠萝、草莓、樱桃等。）那你会用好听的话来请水果宝宝上火车吗？

2. 引导幼儿用不同的水果仿编儿歌：“××××上火车，咔嚓咔嚓去旅行。”

四、师幼快乐游戏，巩固学习儿歌。

1. 幼儿戴上水果胸饰扮演水果宝宝。

2. 提出游戏要求：老师当西瓜爷爷，请你们这些可爱的水果宝宝去旅行，被请到的水果宝宝，赶紧上来跟在后面。

3. 师幼游戏：“西瓜爷爷”带着“水果宝宝”随音乐去旅行。

五、活动在师幼游戏中自然结束。

大狮子和小老鼠（中班·语言）

活动目标

1. 愿意用语言表达对故事内容的理解。

2. 通过故事内容，比较大狮子和小老鼠形象上的差别，知道小有小的本领。

3. 感受朋友间相互帮助的美好情感。

本活动目标存在的主要问题：一是理解故事内容是最基本的活动目标，也是在同一活动中其他目标实现的基础，因而在故事学习活动中，宜将“理解故事内容，熟悉故事主要情节与故事人物的对话”等作为第一条目标；二是从表达方面的要求来讲，如果目标1只对表达提出“愿意”这样的要求，那么这是小班幼儿的发展水平；三是目标2有偏离语言领域活动目标的嫌疑，这方面的要求可以在活动的具体过程中渗透，但不宜将之作为一条比较重要的目标来体现。本活动目标建议改为：“1. 能基本连贯地表达自己对故事内容的理解。2. 体验大狮子和小老鼠在故事情节中的情绪情感。”

活动准备

1. 经验准备：幼儿对动物的特征有一定的了解，对不同的乐曲有一定的感知。

2. 物质准备：音频、课件。

活动准备的交代不够具体。

活动过程

一、欣赏音乐，感受“大”与“小”的形象特点。

1. 倾听A段音乐，猜测与之对应的动物。

引导语：今天老师带来了一段音乐，大家认真听，听完以后跟老师说一说觉得谁会来，为什么是它，它有什么特征。

"谁会来，为什么是它，它有什么特征"的表述不够儿童化、口语化，建议改为："你觉得哪只动物会来，为什么"。

小结：大狮子有庞大的身体、锋利的爪子、尖利的牙齿、圆圆的眼睛、很多毛。

2. 倾听B段音乐，猜测与之对应的动物。

引导语：我们再来听下一段，听完以后说说你觉得谁会来，为什么是它，它有什么特征。

建议改为："我们再来听下一段，听完以后说说这次哪只动物会来，为什么。"

小结：小老鼠有小小的身体、短短的耳朵、尖尖的牙齿、圆圆的眼睛、长长的尾巴。

3. 请幼儿根据角色特点，猜测它们能否成为好朋友。

二、倾听故事，结合画面内容理解故事主要情节。

1. 欣赏故事第一段（除第一段最后一句）。

讨论：小老鼠爬到哪里？你们觉得大狮子会把小老鼠放了吗？为什么？

2. 欣赏故事第二段（除故事结尾）。

讨论：小老鼠会怎么救大狮子呢？我们一起来看看小老鼠究竟用了什么方法。

表述不够明确，比较啰唆。建议改为："你觉得小老鼠会用什么办法救大狮子？"

3. 欣赏故事的结尾。

三、教师生动形象、完整地讲述故事，帮助幼儿进一步归纳寓意。

建议改为："完整欣赏故事，进一步感受故事的寓意。"

1. 教师生动形象地讲述故事。

2. 提问：大狮子还会小瞧小老鼠吗？

3. 小结：因为大狮子已经知道了大有大的本领、小有小的本领，我们不能小看别人，要互相帮助，这样我们就会有很多的好朋友。

第三大环节存在的问题：一是在完整欣赏故事后，应跟幼儿一起对故事的情节进行必要的梳理和回忆，让幼儿对故事有整体的印象，加

四、迁移生活经验，说说在幼儿园、生活中自己和朋友相互帮助、互相关心的故事。

引导语：小朋友，威猛庞大的狮子与弱小机灵的老鼠都能成为一对好朋友，那么小朋友要怎么与别人相处呢？

活动资料

大狮子和小老鼠（故事）

一天，一只小老鼠和它的朋友捉迷藏，不知不觉地，小老鼠爬到一只大狮子的鼻子上，沉睡的大狮子被惊醒了。它睁开眼睛，把小老鼠牢牢抓在手心里。小老鼠苦苦哀求道：“亲爱的狮大王，求求你放了我吧！如果你放了我，我一定会报答你的。”狮子听了哈哈大笑：“我这么大，你这么小，我怎么需要你的帮助呢？”说完，就把小老鼠放了。

又过了几天，大狮子睡觉的时候，被猎人布下的网罩住了，它费了好大劲，还是没有挣脱出

深他们对故事的理解。二是提出“大狮子还会小瞧小老鼠吗？”这样的问题过于简单，只要回答“会”或“不会”就可以了，未能有效地引发幼儿做较深层次的思考，挑战性不够。建议改为：“提问：①故事的名称是什么？②大狮子和小老鼠之间发生了什么事？它们当时的心情怎么样？③它们为什么会成为好朋友？”三是小结不到位，建议改为：“故事中大狮子放了小老鼠，而小老鼠救了大狮子，它们成了好朋友。这个故事告诉我们要互相帮助，这样我们就会有很多的好朋友。”

此句表述比较笼统，建议改为：“你有好朋友吗？你是怎么和其他小朋友成为好朋友的呢？”

来。它大声地叫："救命啊，救命啊！快救我出去！"小老鼠正好经过这儿，当它发现大狮子被网住时，对大狮子说："别急，您上一次放了我，这次我会救您的。"大狮子说："你这么小，救不了我。"小老鼠说："您可不要小瞧我。"说着，它便用尖尖的牙齿，咬断了一根根网绳。狮子很快得救了，它感激地对小老鼠说："谢谢你救了我，让我们成为永远的好朋友吧！"

（杨凯红批注）

大狮子和小老鼠（修订后计划）

活动目标

1. 能基本连贯地表达自己对故事内容的理解。

2. 体验大狮子和小老鼠在故事情节中的情绪情感。

活动准备

1. 经验准备：幼儿对大狮子和小老鼠的特征有一定的了解，对不同特征的乐曲有一定的感知。

2. 物质准备：分别代表大狮子和小老鼠的两段音乐，故事课件"大狮子和小老鼠"。

活动过程

一、欣赏音乐，感受"大"与"小"的形象特点。

1. 倾听A段音乐，猜测与之对应的动物。

（1）引导语：今天老师带来了一段音乐，大家认真听，听完以后跟老师说一说你觉得哪只动物会来，为什么。

（2）小结：大狮子有庞大的身体、锋利的爪子、尖利的牙齿、圆圆的眼睛、很多毛。

2. 倾听B段音乐，猜测与之对应的动物。

（1）引导语：我们再来听下一段，听完以后说说这次哪只动物会来，为什么。

（2）小结：小老鼠有小小的身体、短短的耳朵、尖尖的牙齿、圆圆的眼睛、长长的尾巴。

3. 请幼儿根据角色特点，猜测它们能否成为好朋友。

二、倾听故事，结合《大狮子和小老鼠》课件画面内容理解故事主要情节。

1. 欣赏故事第一段（除第一段最后一句）。

（1）讨论：小老鼠爬到哪里？你们觉得大狮子会把小老鼠放了吗？为什么？

（2）小结：很多小朋友认为大狮子不会放了小老鼠，因为大狮子比小老鼠强多了，它觉得以后用不着小老鼠帮忙；有些小朋友则认为大狮子会放了小老鼠，因为小老鼠也有自己的本领，说不定大狮子需要它哩！

2. 欣赏故事第二段（除故事结尾）。

（1）讨论：你觉得小老鼠会用什么办法救大狮子？

（2）小结：小朋友猜了很多办法，有的说打110，有的说用剪刀剪，有的说用牙齿咬，有的说去叫人来帮忙……到底小老鼠用了什么办法呢？我们来听故事的结尾。

3. 欣赏故事的结尾。

三、完整欣赏故事，进一步感受故事的寓意。

1. 教师生动形象地讲述故事。

提问：①故事的名称是什么？②大狮子和小老鼠之间发生了什么事？它们当时的心情怎么样？③它们为什么会成为好朋友？

2. 小结：故事中大狮子放了小老鼠，而小老鼠救了大狮子，它们成了好朋友。这个故事告诉我们要互相帮助，这样我们就会有很多的好朋友。

四、迁移生活经验，说说在幼儿园以及生活中自己和朋友相互帮助、互相关心的故事。

引导语：小朋友，威猛庞大的狮子与弱小机灵的老鼠都能成为一对好朋友，你有好朋友吗？你是怎么和其他小朋友成为好朋友的呢？

理发师的奇遇（大班·语言）

活动目标

1. 知道人不可貌相，不可以从表面看问题。

2. 理解故事内容，体验故事中理发师的心情变化。

3. 喜欢故事，并会用自己的方式表达故事内容。

目标1的表达过于成人化。就本故事的题目及具体内容而言，故事突显了一个“奇”字，即意想不到的情节发展。意想不到的情节发展所带来的必然是故事中主人公心情的大起大落，即理发师遇到事情前后心情的变化，这应是故事的主线，也是故事吸引人的地方。编订出这样目标的教师，很显然是对故事内容的分析不到位，而且有误读之嫌疑。建议将活动目标改为：“1. 理解故事内容，体验故事中理发师的心情变化。2. 能根据故事提供的材料合理续编故事的结局。3. 喜欢故事中狮子善良与宽容的性格。”

活动准备

1. 经验准备：幼儿有去理发店理发的相关体验。

2. 物质准备：故事课件“理发师的奇遇”、大狮子的图片。

活动过程

一、谈话导入。

教师以轻松幽默的口气和幼儿聊自己理发的经历，引导幼儿回忆理发的过程和情形：①大家知道头发长了要怎么办吗？②理发店里都有些什么？理发师手上有什么东西？③老师之前去理发，理发师让我先坐下，然后给我围了个围兜防止头发掉在衣服上，然后用剪刀修剪头发。④大家知道吗？理发店来了一位奇怪的客人，这位客人居然是只大狮子，大家怕不怕呀？那么，理发师有没有感到害怕呢？大家想不想知道？

引导语①过于啰嗦，应简洁。建议改为：“小朋友去过理发店吗？”引导语②建议改为：“理发店里有些什么东西？理发师会用它们来做什么？”引导语③中，教师可以通过自己理发的经历，将故事中理发师使用的工具，如烫发的药水、电烘罩、理发的推子和剪刀等向幼儿做简单的介绍。

二、完整讲述。

1. 教师出示课件，结合图片生动而有表情地讲述故事内容，讲述前要求幼儿边听边思考，体会理发师是什么样的心情，并请幼儿分享自己体会到的理发师的心情和理发师会有这样的心情的理由。

2. 小结：理发师害怕把狮子的头发剪坏了，但是狮子没有生气，原谅了理发师。

活动环节交代不清晰，建议改为："1. 出示课件，完整地讲述故事《理发师的奇遇》。……2. 提问：①理发店里来了谁？②理发师心情怎么样？发生了什么事？结果怎么样？3. 小结：理发师因为把狮子的头发烫坏了，还剪坏了，所以感到很害怕。可是狮子不但没有生气，还安慰了理发师。"

三、分段讲述。

1. 教师分段讲述故事内容，加深幼儿印象。

2. 提问：理发师见到狮子做出了什么样的反应？狮子是怎么对待理发师的？理发师给狮子做了什么发型？当理发师看见头发着火的时候，她是怎么做的？狮子有没有生气？理发师最后有没有把头发剪好？理发师为什么没有把头发剪好？

3. 小结：狮子虽然外表十分凶狠，但是它对理发师却十分温和，没有一口吃了理发师。所以，在生活中我们不能以貌取人，并不是长得凶狠的人就十分可怕。

教师在分段讲述故事时，可在每一段讲述前提1～3个旨在帮助幼儿更好理解故事内容的问题，让幼儿带着问题有目的地倾听。每一段讲述完，可让幼儿回答刚才提的问题。在幼儿回答完问题后，教师可用一两句话对这一段故事内容进行小结，并自然地引导幼儿继续倾听接下来的段落。

四、故事续编。

1. 教师引导幼儿思考理发师见到狮子为什么会害怕，有什么办法可以拯救狮子的头发，并示范续编故事。

2. 引导语：有小朋友说，狮子是个外表凶狠，但内心温柔的动物，理发师因为狮子的外表所以害怕它，不能专心理发。大家觉得，后面理发师还会剪坏狮子的头发吗？

3. 引导语：理发师看到狮子冲着自己友善地微笑，便觉得心中没有那么害怕了，她给狮子介

以下活动环节交代不清晰，具体修改结果详见修订后的计划。

绍了一顶帅气的假发，狮子戴上去，一照镜子，嘿，比原来还帅气呢！于是它付了钱，满意地走了。

4. 引导语：小朋友们还有没有其他的想法呢？请小朋友们回去好好想一想，明天再来和老师还有小朋友们分享你想到的故事。

5. 引导幼儿续编故事的结局。

活动延伸

1. 领域中的渗透：在表演区域中增加《理发师的奇遇》故事的卡通头饰和道具。

2. 生活中的渗透：请幼儿观察理发店中理发师是如何工作的，在角色扮演活动中展现出来。

活动资料

理发师的奇遇（故事）

有一位理发师，工作非常辛苦，每天从早忙到晚。有时候，遇上爱挑毛病的顾客，理发师又累又难过。

有一天傍晚，理发师正要下班，忽然传来了敲门声。理发师开门一看："啊?!"她吓呆了。门外站着一只满头长毛的狮子。理发师浑身发抖地说："狮子先生，求求您，请您不要吃我……"

狮子微笑着对理发师说："师傅别害怕，我是来理发的。"理发师小心地把狮子请进了屋。

狮子坐在椅子上，请理发师给它烫发。理发师给它上了药水，又戴上了电烘罩。慌乱中，"呼"，狮子的头上着火了。

理发师急忙取来灭火器，对准狮子的头发猛喷。火扑灭了，可是狮子的一头卷发也不见了。

这下可闯了大祸，理发师吓得浑身哆嗦，心想："狮子一定会吃了我的。"谁知，狮子却说："这样也好，留短发更凉快。"

理发师又拿起剪刀，给狮子理短发，她的两手直发抖，把短发也理坏了。

这回理发师更害怕了，她逃到墙角去，头上直冒冷汗。

（严碧芳批注）

理发师的奇遇（修订后计划）

活动目标

1. 理解故事内容，体验故事中理发师的心情变化。

2. 能根据故事提供的材料合理续编故事的结局。

3. 喜欢故事中狮子善良与宽容的性格。

活动准备

1. 经验准备：幼儿有去理发店理发的相关体验。

2. 物质准备：故事课件“理发师的奇遇”，理发师和大狮子的图片，烫发药水、电烘罩、灭火器、剪刀等教具。

活动过程

一、谈话导入。

1. 教师借助教具，以轻松幽默的口气和幼儿聊理发经历，引导幼儿回忆理发的过程和情形。

引导语：①小朋友去过理发店吗？②理发店里有些什么东西？理发师会用它们来做什么？

2. 讲述理发经历：老师前几天陪妈妈一起去烫头发，看见理发师拿出一把剪刀（出示剪刀并做出剪的动作），先咔嚓咔嚓地剪了几下，再用烫发药水抹在我妈妈的头上，然后把电烘罩戴在她的头上，最后一头美丽的卷发就好了。大家说神奇不神奇？

二、完整讲述。

1. 出示课件，完整地讲述故事《理发师的奇遇》。

引导语：大家知道吗，理发店里来了一位奇怪的客人，这位客人是谁呢？大家想不想知道？请小朋友们和老师一起到理发店看看吧。

2. 提问：①理发店里来了谁？②理发师心情怎么样？发生了什么事？结

果怎么样？

3. 小结：理发师因为把狮子的头发烫坏了，还剪坏了，所以感到很害怕。可是狮子不但没有生气，还安慰了理发师。

三、分段讲述。

1. 讲述第一部分（第1～3段）。

(1) 提问：①为什么说理发师工作非常辛苦？②当理发师开门看到狮子时有什么反应？③狮子是怎么说的？

(2) 小结：因为理发师从早忙到晚，有时候还会遇到爱挑毛病的顾客，所以她非常辛苦。理发师今天看到来了一位新顾客，居然是一只狮子，她吓呆了，十分害怕。但是，狮子对她非常友好，还对她微笑。

2. 讲述第二部分（第4～5段）。

(1) 提问：①理发师怎样给狮子做头发？②后来发生了什么事情？③当理发师看见头发着火的时候她是怎么做的？

(2) 小结：理发师给狮子烫发，于是给它抹上了烫发药水，戴上了电烘罩，但是因为理发师实在太害怕狮子了，不小心把狮子的头发弄着火了，她急忙取来灭火器，把火灭掉了。

3. 讲述第三部分（第6～8段）。

(1) 提问：①狮子有没有生气？②理发师最后有没有把狮子的头发剪好？③理发师为什么还是没有把狮子的头发剪好？

(2) 小结：狮子没有生气，让理发师给它剪个短发，但是理发师还是没有剪好，因为她真的太害怕狮子了。

四、续编故事。

1. 引导幼儿续编故事。

(1) 提问：①理发师会用什么办法来补救狮子的头发？②结果怎么样？

(2) 小结：理发师可能会推荐狮子使用生发药水，可能会给它一顶假发，或者干脆给它剃个光头……狮子可能会生气，也有可能会原谅理发师。

2. 幼儿分组讨论、续编故事。

引导语：现在请你们和身边的小朋友讨论，说说接下来会发生什么事。

3. 请个别幼儿续编故事结局。

(1) 提问：他讲得好不好？好在哪里？还有哪个地方讲得不够好？为什么？

（2）提问：你喜欢故事中的这只狮子吗？为什么？

（3）小结：因为故事中的狮子善良而且宽容，它一次又一次地原谅理发师。我们要像这只狮子学习，用善良和宽容的心对待身边的每一个人。

活动延伸

1. 领域中的渗透：在表演区域中增加《理发师的奇遇》故事的卡通头饰和道具。

2. 生活中的渗透：请幼儿观察理发店中理发师是如何工作的，在角色扮演活动中展现出来。

英都麻糍（大班·社会）

活动目标

1. 初步学习制作麻糍的技能，提高幼儿的实践动手能力。

2. 体验家乡的风味小吃，激发幼儿对家乡的热爱之情。

本活动目标存在的主要问题：一是目标表述存在着同一条目标中前后句行为主体不一致现象；二是目标定位不准，对于本活动而言，重点是让幼儿积极参与制作活动，体验自制家乡风味小吃的乐趣；三是有的目标属于中长期目标，非一个活动能达到，如“激发幼儿对家乡的热爱之情”。因而建议修改为：“1. 能积极参与制作麻糍的操作活动。2. 喜欢动手制作食物，体验自制风味小吃的快乐。”

活动准备

1. 经验准备：幼儿初步了解麻糍的渊源和演变过程，初步了解制作麻糍所需的材料及制作过程。

2. 物质准备：糯米浆团、蜜蜡、麻糍粉、案板，制作麻糍的过程图片、课件。

活动过程

一、谈话引入，唤醒生活经验。

引导语：你们看，这是什么？（麻糍。）麻糍吃起来感觉怎么样？（甜甜的、软软的等。）那你们知道麻糍是用什么做成的吗？（糯米。）

二、观看图片，回忆麻糍的制作过程。

1. 小结：麻糍是由糯米浸泡磨成浆，蒸熟、搅拌、冷却后做成的。今天，我们也要尝试自己动手制作麻糍。

2. 向幼儿介绍英都麻糍传承人，并提出制作要求。

这个环节安排过于突兀，逻辑上不统一，有思路不清之嫌。

三、和阿凸老师一起做麻糍。

1. 介绍英都麻糍传承人。

引导语：今天我们请来了英都麻糍的传承人——阿凸老师，他可是制作麻糍的高手，让我们来跟他一起学习制作麻糍吧！

2. 由阿凸老师示范制作麻糍的过程。

3. 幼儿与阿凸老师一起动手制作麻糍。

4. 提要求：①保持安静，注意观察制作过程。②保持地板、桌面、自身的干净整洁。

要求没有紧扣活动目标，没有切入重点，建议改为："①在操作过程中要注意卫生。②制作麻糍时大小要适中。③摆放麻糍时要有序，不要让麻糍粘在一起。"

四、跟英都麻糍传承人学习制作麻糍。

此环节可以删去。

1. 向幼儿介绍制作麻糍的材料。

2. 向幼儿介绍麻糍的制作过程。

3. 与幼儿一起动手制作麻糍。

（1）提醒幼儿在操作过程中要注意卫生。

（2）提醒幼儿制作麻糍时大小要适中，摆放麻糍时要有序，不要让麻糍粘在一起。

五、谈谈自己在制作麻糍过程中的感受以及遇到的困惑。

此环节可以删去。

六、品尝麻糍，说说品尝自己亲手制作的麻糍的心理感受。

这是一个制作和品尝食物的活动，没有必要让幼儿说什么心理感受。这样的安排反映出教师有太浓厚的"上课"意识。建议改为："品尝自制的麻糍，活动自然结束。"

（杨凯红批注）

英都麻糍（修订后计划）

活动目标

1. 能积极参与制作麻糍的操作活动。

2. 喜欢动手制作食物，体验自制风味小吃的快乐。

活动准备

1. 经验准备：幼儿初步了解麻糍的渊源和演变过程，初步了解制作麻糍所需的材料及制作过程。

2. 物质准备：糯米浆团、蜜蜡、麻糍粉、案板，制作麻糍的过程图片、课件。

活动过程

一、谈话引入，唤醒幼儿的生活经验。

引导语：你们看，这是什么？（麻糍。）麻糍吃起来感觉怎么样？（甜甜的、软软的等。）那你们知道麻糍是用什么做成的吗？（糯米。）

二、观看图片，回忆麻糍的制作过程。

小结：麻糍是由糯米浸泡磨成浆，蒸熟、搅拌、冷却后做成的。今天，我们也要尝试自己动手制作麻糍。

三、和阿凸老师一起做麻糍。

1. 介绍英都麻糍传承人。

引导语：今天我们请来了英都麻糍的传承人——阿凸老师，他可是制作麻糍的高手，让我们来跟他一起学习制作麻糍吧！

2. 由阿凸老师示范制作麻糍的过程。

3. 提出活动要求：①在操作过程中要注意卫生。②制作麻糍时大小要适中。③摆放麻糍时要有序，不要让麻糍粘在一起。

4. 幼儿与阿凸老师一起动手制作麻糍。

四、品尝自制的麻糍，活动自然结束。

有趣的变大（小班·科学）

活动目标

1. 感知物体的可变性，体验“变大”带来的快乐。

2. 体验想象的乐趣，大胆表达自己“变大”的愿望。

科学活动要聚焦科学问题。本活动应该是聚焦于探索几种物质材料的特性，感知其泡发变大的现象。在制订领域活动目标时，应紧扣《指南》之相关领域中各年龄段的目标要求。以《指南》为依据，这是制订领域活动目标的基本要求。本活动目标过于宽泛，且与本活动内容关联度不大，建议改为：“1. 感知几种常见食材的明显特征及其泡发变大的现象。2. 能用简单语言和动作表达自己的认识。3. 对探究常见的食材感兴趣，体验活动的乐趣。”

活动准备

干紫菜、干银耳、干玉米粒、水、盆子、锅、小毛巾。

干玉米粒泡发需要的时间很长，建议替换为茶叶。

活动过程

一、出示实物，激发幼儿的兴趣。

引导语：小朋友，今天老师给你们带来了许多东西，我们一起来看看。

二、第一次操作：摸实物。

不仅是摸，应是运用多种感官去感知特征，包括色、形、气味、手感等。

1. 介绍材料：干紫菜、干银耳、干玉米粒。

2. 提出要求，幼儿感知。

（1）用眼睛看看这些材料，用手摸一摸这些材料。

（2）和同伴说说摸起来感觉怎么样。

3. 讨论：你刚才摸了什么材料？它们摸起来感觉怎么样？

应引导幼儿从食材的色、形、气味、手感等方面用语言或动作表达。

(1) 小结：干紫菜摸起来感觉干干的，硬硬的；干银耳摸起来感觉干干的、刺刺的；干玉米粒摸起来也是感觉硬硬的。

(2) 讨论交流，发现特征。

(3) 引导语：请小朋友说一说这些东西是什么样子的。

三、第二次操作：变魔术。

魔术与科学是有质的区别的。教师在开展科学活动中经常使用所谓的"魔术游戏""变魔术"等方式或语词导入，这可能存在两大问题：一是极容易给幼儿带来错误的认识，认为科学就是魔术；二是魔术是采用障眼法进行表演的，没有使表演道具发生质的改变。如果承认第二点，那么其实教师所说的并不是属于"变魔术"或"魔术游戏"的范畴。

1. 引发幼儿猜想：这些东西怎么把它们变大？

2. 介绍材料：干紫菜、干银耳、干玉米粒、水。

3. 提出要求：

介绍材料和提出要求应合并为一点，因为材料已在前面环节有介绍。在这里重点是要说明操作方法、要求、卫生、常规等。

(1) 将每一样操作材料都放进水里，并搅拌一下。

(2) 用眼睛认真观察这些材料的变化。

4. 幼儿操作，教师观察指导。

5. 表达交流，提升经验。

应让幼儿充分感受、表达之后，教师再作小结。

小结：干紫菜、干银耳加入水就会变大、变软；干玉米粒加入水后还是不变。原来在我们周围有这么多的东西会变化，只要小朋友在日常生活中仔细观察，你就会发现了。

(1) 作为科学活动，教师应考虑自己的教学语言是否"科学"。很显然，"干玉米粒加入水后还是不变"，这是因为泡发时间不够长，导致变化不明显而已。(2) 教师这番话过于牵强，如果要保留的话，应该是要进一

四、引发幼儿猜想：当你变成很大很大的人时，你会做些什么事情呢？

1. 引导语：如果我变成像长颈鹿那么大，我想直接摘到树上的苹果；如果我变成房子那么大，我想和房子拥抱，做好朋友。

2. 提问：你们变成大人时，想做些什么事情呢？

步追问：生活中还有什么东西放进水中会变大？

这个环节设计明显超越小班幼儿的认知水平与经验范围，幼儿很难就教师的提问顺利作答。建议改为体验“变大”在生活中的意义：泡水变大后有利于烹调或品尝，如干紫菜、干银耳泡水变化后可分别做成紫菜蛋汤、银耳冰糖水等。

活动延伸

引导幼儿继续探索其他常见材料“变大”的现象，如提供玉米粒、豆子让幼儿观察、探索。

（许琼华批注）

有趣的变大（修订后计划）

活动目标

1. 感知几种常见食材的明显特征及其泡发变大的现象。

2. 能用简单语言和动作表达自己的认识。

3. 对探究常见的食材感兴趣，体验活动的乐趣。

活动准备

1. 经验准备：幼儿在生活中接触过一些食材。

2. 物质准备：干紫菜、干银耳、茶叶、水、盆子、锅、小毛巾、教师用的记录表、银耳冰糖水。

活动过程

一、出示实物，激发幼儿的兴趣。

引导语：小朋友，今天老师给你们带来了许多东西，我们一起来看看。

二、第一次操作：感知特征。

1. 介绍材料：干紫菜、干银耳、茶叶。

2. 提出要求。

(1) 用眼睛看一看、用手摸一摸、用鼻子闻一闻这些材料。

(2) 和同伴说说自己的发现。

3. 幼儿自主操作。

4. 讨论交流，发现特征。

(1) 引导语：请小朋友说一说这些东西是什么样子的。

(2) 引导幼儿从食材的色、形、气味、手感等方面用语言或动作表达。

(3) 小结：紫菜是紫黑色的，条状，很轻，闻起来有特别的香味（腥味），气味重；银耳是浅黄色的，摸起来刺刺的，有点扎手，也有气味；茶叶是深色的，细长的一条条，有的茶叶会卷成一小团，有点硬。

三、第二次操作：观察变化。

1. 出示记录表，引发幼儿猜想。

(1) 引导语：如果把这些东西放进水里会变大吗？

(2) 教师将幼儿的猜想用画"√"、画"×"的方式记录。

2. 提出要求：把这些材料放进水里，仔细观察它们有什么变化，看看猜得对不对。

3. 幼儿操作，教师观察与指导。

4. 表达交流，提升经验。

(1) 出示干的材料与泡发的材料进行对比，引导幼儿表述这些材料泡发后的变化。

(2) 小结：这几种食材放进水中明显变大了，颜色和形状也发生了变化。

四、品尝活动，感受"变大"的生活意义。

1. 引导语：生活中为什么要把这几种东西泡在水里呢？

2. 请幼儿品尝银耳冰糖水，活动自然结束。

活动延伸

引导幼儿继续探索其他常见材料（如玉米粒、豆子），让幼儿观察、探索"变大"的现象。

睡 莲 开 花（中班·科学）

活动目标

1. 感知不同质地的纸折叠成睡莲后在水中的不同变化过程，了解“睡莲开花”的原因。

2. 初步学会使用符号做观察记录。

3. 体验“睡莲开花”带来的乐趣，积极表达自己的发现。

目标1的前半句表述不简练，后半句又明显超出幼儿的水平。目标3的前半句是属于情感态度类目标，后半句是属于探究能力目标。从本活动目标的逻辑维度来看，这条目标是属于情感态度类目标，因而应将探究能力目标调整到能力维度目标，即目标2。建议改为：“1. 观察不同纸折的睡莲在水中的变化，比较不同质地的纸的吸水性。2. 尝试运用简单的符号做记录，积极表达自己的看法和发现。3. 体验‘睡莲开花’实验带来的乐趣。”

活动准备

1. 经验准备：幼儿已了解睡莲开花，并对常见的多种纸有初步的感知。

2. 物质准备：三种不同质地的纸张（报纸、牛皮纸、铜版纸）、实物记录表、记号笔、盛有水的水盆等。

活动过程

本活动设计层层深入，有递进关系，甚好！但在表述上要注意严谨性。

一、出示睡莲图片，引起幼儿探索的兴趣。

导入形式过于平淡，可引导幼儿观看睡莲开花的视频，激发幼儿兴趣。

引导语：小朋友，你们看，这是什么呢？（睡莲。）谁来说说睡莲开花的过程？（花瓣慢慢地张开。）

二、幼儿第一次做“睡莲开花”实验，初步感知纸的吸水性。

1. 幼儿猜想。

引导语：用报纸折好的睡莲花放到水里会开花吗？

2. 提出操作要求。

（1）观察睡莲在水中发生的变化。

（2）讨论睡莲为什么会开花。

3. 幼儿实验，教师重点指导幼儿观察睡莲开花的过程。

4. 小结：报纸具有吸水性，所以用它折的睡莲在水中会开花。

幼儿观察后，应先交流再小结。一是满足幼儿观察后想表达的需要；二是教师可以在幼儿交流的基础上，进一步了解幼儿观察后的感受，使随后的小结更有的放矢。

三、幼儿分组操作实验。

建议改为："第二次实验操作，比较三种不同质地的纸的吸水性。"

1. 引导语：老师准备了报纸、牛皮纸、彩印纸折好的睡莲，请小朋友把三种不同纸质的睡莲放入水中。

在幼儿操作前，教师应组织幼儿先猜想，再操作。原来的环节设计存在交代不清晰的问题。

2. 提出操作要求。

（1）观察不同纸质睡莲开花的快慢不同，并做记录。

（2）三个人一组，协商游戏。

（3）注意保持桌面、地面、衣服的整洁。

操作要求不明确，要强调三种睡莲同时放在水中，同时出示观察记录表并提出记录要清晰的要求。

《指南》在科学领域的教育建议中已明确指出："容忍幼儿因探究而弄脏、弄乱、甚至破坏物品的行为，引导他们活动后做好收拾整理。"显然，这句话可以直接删去。

3. 幼儿实验，教师重点指导幼儿观察不同纸质睡莲开花的快慢不同，并做记录。

4. 对照记录表，相互交流观察发现。

（1）引导语：你们发现哪朵睡莲比较快开，哪朵比较慢开？为什么呢？

（2）小结：有的纸吸水性强，吸水的速度就快。有的纸吸水性弱，吸水的速度就慢。报纸的吸水性较强，所以睡莲很快就开了；牛皮纸吸水

此小结不仅不简洁，而且存在表达不清的毛病，应指明"吸水性强的花开得

性较弱，所以睡莲开得较慢。

快”。此外，建议增加一个经验迁移环节，以将科学与生活联系的方式结束本活动。

活动延伸

在区域活动中，引导幼儿探索更多不同质地的纸的吸水性。

（许琼华批注）

睡 莲 开 花（修订后计划）

活动目标

1. 观察不同质地的纸折的睡莲在水中的变化，比较不同质地的纸的吸水性。

2. 尝试运用简单的符号做记录，积极表达自己的看法和发现。

3. 体验“睡莲开花”实验带来的乐趣。

活动准备

1. 经验准备：幼儿已了解睡莲开花，并对常见的多种纸有初步的感知。

2. 物质准备：睡莲开花的视频，三种不同质地的纸张（报纸、牛皮纸、铜版纸）、实物记录表、记号笔、盛有水的水盆等。

活动过程

一、观看睡莲开花的视频，引发探索的兴趣。

引导语：谁来说说睡莲开花的过程？

二、第一次做“睡莲开花”实验，初步感知纸的吸水性。

1. 幼儿自由猜想。

引导语：用报纸折好的睡莲花放到水里会开花吗？

2. 提出操作要求。

（1）观察用报纸折的睡莲在水中发生的变化。

（2）讨论用报纸折的睡莲为什么会开花。

3. 幼儿实验，教师重点指导幼儿观察睡莲开花的过程。

4. 师幼交流，提升经验。

（1）引导语：睡莲开花了吗？它在水中发生了什么变化？可能是什么原因？

（2）小结：报纸具有吸水性，所以用它折的睡莲在水中会开花。

三、第二次实验操作，比较三种不同质地的纸的吸水性。

1. 介绍材料，引发猜想。

引导语：老师准备了报纸、牛皮纸、铜版纸折好的睡莲，把这三种不同纸质的睡莲同时放到水中，开花的速度会一样吗？哪一种开得最快，哪一种开得最慢？说说你的理由。

2. 提出操作要求。

(1) 三种睡莲同时放到水中，认真观察哪一种开得最快、哪一种开得最慢。

(2) 三个人一组，实验后商量用自己喜欢的方式记录。

(3) 实验完毕，引导幼儿收拾整理好材料。

3. 幼儿实验；教师重点指导幼儿观察不同纸质睡莲开花的快慢不同，并做记录。

4. 对照记录表，相互交流。

(1) 引导语：请你们组来说说你们是怎么操作的，发现了什么。哪种纸质的花开得最快？为什么？

(2) 小结：不同纸质的睡莲在水中开放的速度是不一样的，花开的快慢与它们的吸水性有关。吸水性强的纸折的花开得快，吸水性弱的纸折的花开得慢。

四、联系生活实际，迁移实验经验。

提问：吸水性不同的纸张在生活中有什么不同的用处吗？

活动延伸

在区域活动中，引导幼儿探索更多不同质地的纸的吸水性。

我们的鞋子（中班·科学）

活动目标

1. 在对比观察中了解生活中常见鞋子的类型和作用。

2. 体验穿大鞋带来的乐趣。

3. 能按鞋子的材料、质地等进行恰当的分类。

按照《指南》关于中班幼儿科学探究活动的要求，本活动目标应定位于观察鞋子的异同，以及进行多角度分类。建议改为："1. 观察比较生活中常见鞋子的异同，了解其用途。2. 能将鞋子按大小、材料、用途等进行多角度分类。3. 体验观察鞋子和参与游戏的乐趣。"

活动准备

1. 经验准备：幼儿从家中带来各种鞋（事先已清洁），已了解其名称。

2. 物质准备：不同类别的鞋样标志、有关鞋子的幻灯片。

3. 环境创设：布置鞋子展览。

活动过程

一、观察、比较并交流对鞋子的认识。

1. 自由观察各种鞋子，了解鞋子的不同类型。

引导语：今天每个人都从家里带来了一双鞋。大家摸一摸、看一看自己的和别人的鞋，介绍你带来了谁的鞋、是什么鞋、它是什么样的。看看别人带的鞋是什么鞋，一样吗。

此问题的目标性不强，应紧扣比较性观察这一活动重点进行提问。建议改为："比一比鞋子，说一说它们有什么不一样。"

2. 集中交流观察结果：请个别幼儿向大家介绍自己带来的鞋子，并和别人的鞋子进行比较，初步了解鞋子的异同。

3. 小结：这里有爷爷的布鞋、妈妈的皮靴，还有……鞋子的种类可真多呀！

教师做这样小结，只是笼统地突显鞋子的种类而已。至于种类的不同体现在哪几个方面，教师应该进一步明确点出来，唯此才能对幼儿已有经验起整理、提升作用。建议改为："鞋子是各种各样

二、穿大鞋体验，并进行简单分类。

1. 游戏“穿大鞋”。

(1) 引导语：你们穿过大人的鞋子吗？今天我们试试看，走一走，跳一跳，跑一跑，看看有什么感觉。可以和小朋友交换穿，看看感觉一样吗。

(2) 提问：你穿了什么大鞋？有什么感觉？

2. 游戏“鞋子找家”。

教师出示鞋样标志，引导幼儿根据鞋子的质地帮鞋子找“家”。

三、欣赏幻灯片，联系生活说说自己喜欢的鞋。

1. 提问：你最喜欢什么鞋子？穿上它做些什么事？

2. 欣赏鞋子幻灯片。

3. 小结：在不同的时候，我们会穿上不同的鞋子，各种各样的鞋子给我们的生活带来了方便。

四、表演游戏结束。

师幼表演“鞋子嗒嗒响”，结束活动。

活动延伸

引导幼儿设计各种新颖的鞋子。

的，大小、颜色、材料、用途等都不一样。”

因活动目标调整为进行多角度分类，故该活动环节也应随之做相应的调整。

这个游戏设计可以移至活动的最后环节，让幼儿在相对轻松活泼的气氛中结束本活动。这个环节重点应解决多角度分类问题。

就是作为活动中一个小的游戏的设计，这样表述也显得过于简单。

(许琼华批注)

我们的鞋子（修订后计划）

活动目标

1. 观察比较生活中常见鞋子的异同，了解其用途。

2. 能将鞋子按大小、材料、用途等进行多角度分类。

3. 体验观察鞋子和参与游戏的乐趣。

活动准备

1. 经验准备：幼儿从家中带来各种鞋（事先已清洁），已了解其名称。

2. 物质准备：不同类别的鞋样标志、有关鞋子的幻灯片。

3. 环境创设：布置鞋子展览。

活动过程

一、观察、比较并交流对鞋子的认识。

1. 自由观察、比较各种鞋子。

引导语：今天每个人都从家里带来了一双鞋。大家摸一摸、看一看自己的和别人的鞋，介绍你带来了谁的鞋、是什么鞋、它是什么样的；比一比鞋子，说一说它们有什么不一样。

2. 集中交流，介绍观察结果。

请个别幼儿向大家介绍自己带来的鞋子，并和别人的鞋子进行比较，初步了解鞋子的异同。

3. 小结：鞋子是各种各样的，大小、颜色、材料、用途等都不一样。

二、鞋子找家，开展多角度分类活动。

1. 观察、讨论鞋子的不同特征或用途，确定分类标准，如鞋子有大小、类别（靴子、鞋子）、材料（布的、皮的）、用途（运动时穿、家里穿的、雨天穿的）等。

2. 学习将鞋子按照某一标准进行分类。

3. 介绍自己的分类标准与结果。

4. 教师根据幼儿交流情况及时小结。

三、欣赏幻灯片，联系生活说说自己喜欢的鞋子。

1. 引导语：你最喜欢什么鞋子？穿上它做些什么事？

2. 欣赏鞋子幻灯片。

3. 小结：在不同的时候，我们会穿上不同的鞋子，各种各样的鞋子给我们的生活带来了方便。

四、师幼共同表演“鞋子嗒嗒响”，结束活动。

活动延伸

引导幼儿设计各种新颖的鞋子。

植物的家（大班·科学）

活动目标

1. 知道植物有不同的生长环境，可以生长在水里、土里或沙里等不同地方。

目标1不符合该年龄段幼儿的认知水平，与《指南》在5～6岁目标要求中所提出的“能察觉到动植物的外形特征、习性与生存环境的适应关系”这一要求有较大差距。建议改为：“知道植物有不同的生长环境，能初步发现植物的外形特征与其生长环境之间的关系。”

2. 学习按一定的标准对植物的生长环境进行分类。

对大班幼儿来讲，一般这样的分类要求应该是“能按一定的标准对植物的生长环境进行分类”，而不是还在“学习”中，当然也不排除有例外情况的存在。

3. 乐意与同伴共同制作“植物的家”展板，体验合作的快乐。

“体验合作的快乐”其实被包含在“乐意与同伴共同制作‘植物的家’展板”之中，这样表达有重复表述的嫌疑。在本活动中，由于幼儿在活动前做了比较充分的调查工作，对活动内容积累了较丰富的相关经验，在活动开展过程中幼儿自然而然地会将之前调查所获的经验以及在活动开展当下的感受与想法迫不及待地与同伴分享，因而，应该在语言表达方面提出相应的要求。建议改为：“能大胆、完整地表述自己的观点，体验与同伴交流与合作的快乐。”

活动准备

1. 经验准备：幼儿在活动前做了关于植物生长环境的调查，积累了比较丰富的相关经验。

2. 物质准备：各种常见植物图片、课件、展板、纸、水彩笔。

活动过程

一、谈话导入，激发幼儿活动兴趣。

引导语：你们有和爸爸妈妈一起去仔细观察，并填好调查表吗？你们都认识了哪些植物？调查并记录了哪几种植物？

在活动的导入环节，幼儿参与调查的经验还处在有待唤醒的状态，教师一下子提那么多问题，与幼儿所处的活动情绪水平不相符，幼儿可能难以回答教师所提的问题，从

二、请幼儿结合调查表进行交流，引导幼儿感知植物生长的环境。

1. 幼儿与同伴自主分享交流。

引导语：拿着你的调查表，和同伴说说你观察、调查了哪些植物，它们各自长在哪里。

2. 集体介绍。

（请个别幼儿拿着调查表向集体介绍；其他幼儿将调查表放在椅子下面，认真听，积极评论、互动。）

引导语：①看你们都交流得很激动哦，我也好想知道你们观察、调查了哪些植物啊，有谁愿意上来给大家介绍一下自己的调查发现啊？要用响亮的声音来讲，让大家都听得很清楚。其他小朋友要仔细听。②还有小朋友有不一样的调查发现吗？

3. 小结：我们班的小朋友都非常认真地调查了很多的植物，而且它们有的生长在不同的地方，有的生长在相同的地方，有的长在土里，有的长在水里，有的长在沙里。

三、出示课件，引导幼儿感知植物的外形特征与其生长环境之间的关系。

四、请幼儿将植物按照生长环境分类，并合作制作“植物的家”的展板。

1. 出示材料，提出分类、制作的要求。

（1）引导语：现在老师这里有

而产生不必要的畏难情绪，影响后续活动环节的有效开展。建议改为：“我们生活的环境中有许多植物，它们生长在什么地方？今天我们一起来研究植物的家在哪里。”教师发起的这样互动，既轻松有趣，激发幼儿参与活动的兴趣，又能切合活动主题，让幼儿一下子明确活动任务。

写在计划中的引导语尽量简洁，并且要提出讲述和倾听的要求，如：“请几个小朋友来介绍自己的调查发现，声音要响亮，让大家听清楚，其他小朋友要认真听。”

教师的小结要对幼儿的经验起梳理与提升的作用，如：“通过观察、调查，我们发现植物的家各不相同，有的植物长在土里，有的长在水里，有的长在沙里……”

本环节设计为本活动的难点，但在原文没有体现，应该说是活动设计上的重大失误。

教师的引导语过于啰嗦，不够简洁。对

一块板，还有很多植物的图片，小朋友请认真看板上的标志（表示水里、土里或沙里），根据自己调查表上记录的结果，将这些植物按照生长环境分类。

大班幼儿来讲，可以要求他们观察展板，思考怎么分类，自主提出分类的标准。建议改为："引导语：植物的家都在哪里呢？这里有一块大展板和一些图片，请你按照植物生长环境进行分类。"

（2）引导语：现在你们自由分组，合作制作一块植物生长环境的展板，把植物生长环境用图画的形式介绍给大家。你们可以用水彩笔在展板上画，每一组都要认真画，比赛一下，看哪一组表现得最好。

引导语不简洁，要求幼儿比赛也不合适，应着重合作和专注制作。制作前的要求要分点提出：（1）小组合作制作，先讨论要怎么制作。（2）用水彩笔在展板上画出不同植物的生长环境，贴上图片或者画出植物。（3）保持画面的整洁，最后再收拾好材料。

2. 幼儿分组活动，教师观察指导。

3. 展示各组的展板，幼儿相互参观、介绍。

引导语：每组的小朋友都很认真地制作展板，你们各组之间可以相互介绍一下你们设计的展板内容，说说画了哪些植物在展板上，它们的家在哪里。

本活动结束方式不明确，如果是在幼儿相互交流中自然结束本活动，也应该做交代。

活动延伸

引导幼儿在自然角尝试将葱、姜或蒜等植物分别种在土里、水里和沙里，观察、比较其生长情况。

（许琼华批注）

植物的家（修订后计划）

活动目标

1. 知道植物有不同的生长环境，能初步发现植物的外形特征与其生长环境之间的关系。

2. 能按一定的标准对植物的生长环境进行分类。

3. 能大胆、完整地表述自己的观点，体验与同伴交流与合作的快乐。

活动准备

1. 经验准备：幼儿在活动前做了关于植物生长环境的调查，积累了比较丰富的相关经验。

2. 物质准备：各种常见植物图片、课件、展板、纸、水彩笔。

活动过程

一、谈话导入，激发幼儿活动兴趣。

引导语：我们生活的环境中有许多植物，它们生长在什么地方？今天我们一起来研究植物的家在哪里。

二、结合幼儿的调查表进行交流，引导幼儿感知植物生长的环境。

1. 幼儿与同伴自主分享交流。

引导语：拿着你的调查表，和同伴说说你观察、调查了哪些植物，它们各自长在哪里。

2. 请个别幼儿在集体前讲述。

(1) 引导语：请几个小朋友来介绍自己的调查发现，声音要响亮，让大家听清楚，其他小朋友要认真听。（请没有讲述的幼儿将调查表放在椅子下面。）

(2) 提问：还有小朋友有不一样的调查发现吗？

3. 小结：通过观察、调查，我们发现植物的家各不相同，有的植物长在土里，有的长在水里，有的长在沙里……

三、出示课件，引导幼儿感知植物的外形特征与其生长环境之间的关系。

1. 观看课件，思考问题。

引导语：我们一起来看课件，想一想长在不同环境中的植物有什么不同的特征。

2. 幼儿表达自己的看法，教师出示实物或图片进行补充介绍。

3. 小结：植物的外形特征和它们的生长环境有关系。长在沙（沙漠）里的植物叶子都是很厚、很肥的，有利于储存水分（如仙人球、仙人掌、芦荟、长寿花等）。它们在恶劣的环境中也能生长。长在水里的荷花、睡莲、芦苇、水葫芦需要的水分多，叶子一般比较柔软，根很少，根部不发达。长在土里的植物为了从土壤中吸收水分和养分，必须有发达的根部。

四、请幼儿将植物按照生长环境分类，并合作制作“植物的家”的展板。

1. 出示材料，提出分类、制作的要求。

(1) 引导语：植物的家都在哪里呢？这里有一块大展板和一些图片，请你按照植物生长环境进行分类。

(2) 提出制作要求：①小组合作制作，先讨论要怎么制作；②用水彩笔在展板上画出不同植物的生长环境，贴上图片或者画出植物；③保持画面的整洁，最后再收拾好材料。

2. 幼儿分组活动，教师观察指导。

3. 展示各组的展板，幼儿相互参观、介绍。

引导语：每组的小朋友都很认真地制作展板，你们各组之间可以相互介绍一下你们设计的展板内容，说说画了哪些植物在展板上，它们的家在哪里。

五、活动在幼儿交流中自然结束。

活动延伸

引导幼儿在自然角尝试将葱、姜或蒜等植物分别种在土里、水里和沙里，观察、比较其生长情况。

分　一　分（大班·数学）

活动目标

1. 愿意积极地思考等分的方法。

2. 学会探索物体等分的多种方法。

3. 感知许多物体可以分成相等的两份，理解二等分的含义。

建议将目标1、目标2合并，改为：“愿意积极地思考等分的方法，探索物体等分的多种方法。”合并的原因在于：一是两条目标在形式上比较一致；二是将两条合并后，逻辑上是通顺的，因为愿意积极思考，所以能探索等分的多种方法。另外，根据《指南》在科学领域中所提出的“初步感知生活中数学的有用和有趣”，就本活动而言，尽管内容是以故事的情境出现，但其实所解决的也是生活中的问题。因而，建议增加目标：“初步感知二等分在日常生活中的应用，体验数学的有用。”增加了这条目标，则应该增加相应的环节，引导幼儿去发现日常生活中哪些事物运用或蕴含了二等分的数学知识。

活动准备

1. 经验准备：幼儿已认识数字1～10。

2. 物质准备：圆形蛋糕、小刀、面条、橘子、四方形豆腐块、课件“小白兔的家”。

物质准备尽量交代得更具体化一点，比如面条多少、橘子几个等；这些材料是以小组方式投放，还是人手一份等。

活动过程

一、故事引入。

引导语：小白兔要过生日啦，她邀请了她的两位小伙伴——小熊和小狮子来家里做客。但是，小白兔遇到难题了，一块蛋糕要怎么分才能让她的两个好伙伴都吃到一样多的呢？聪明的小朋友，你来帮帮她吧。

二、尝试分蛋糕。

幼儿每人一块圆形蛋糕、一把塑料刀具，尝试等分。教师指导幼儿等分并验证。

三、幼儿汇报等分情况。

1. 引导语：现在谁来告诉老师，你是怎么把圆圆的蛋糕分成了两份一样大的？你是怎么知道分出来的两份是一样大的？

2. 小结：我们可以从中间来切分蛋糕，分好的两块蛋糕是一样大的两个半圆形。

四、分组等分水果。

分组操作的内容要多样化，幼儿操作形式也才有可能多样化，才能达成“积极地思考等分的方法，探索物体等分的多种方法”的目标。通过多样化的操作，幼儿所建构的经验也才有可能是丰富的。

1. 幼儿进一步尝试等分不同物体，教师进一步指导幼儿感知二等分、寻找多种等分的方法。

2. 引导语：除了蛋糕，小白兔还拿了些其他东西招待小熊和小狮子，你们可以再帮她分一分吗？

3. 小结：不同形状的东西都可以平均分成两份，它们可以是两份一样长，也可以是两份一样大，还可以是两份一样多。

分组操作，哪个内容是支持“一样长”这一概念？小结可以比较具象些；而后面第五环节分享与小结时，小结则要概括些。

五、分享与小结。

1. 引导语：小白兔的生日过得非常开心，她非常感谢小朋友的帮忙，也想问问小朋友是用什么样的办法把这些东西分好的。

2. 小结：我们把蛋糕和豆腐切成一样大的两块，把面条切成一样长的两段，把橘子分成一样多的两份，这种把物体分成相等的两份的做法，叫二等分。

六、判断等分或不等分。

引导语：小白兔为了感谢小朋友，请你们到

建议将这个环节替换为：“六、经验交流与分享。”设她家里去做客，也想请小朋友们帮她看看，她家的一些东西能不能分成相等的两份。

置两个步骤：1. 让幼儿想一想、说一说生活中什么东西是可以二等分的。2. 教师在幼儿交流基础上，以小结的方式结束本活动。

(严碧芳批注)

活动延伸

领域中的渗透：生活区中投入不同食物让幼儿分成相等的两份。

分　一　分（修订后计划）

活动目标

1. 愿意积极地思考等分的方法，探索物体等分的多种方法。

2. 感知许多物体可以分成相等的两份，理解二等分的含义。

3. 初步感知二等分在日常生活中的应用，体验数学的有用。

活动准备

1. 经验准备：幼儿已认识数字1～10。

2. 物质准备：幼儿人手一份操作材料——橡皮泥捏造的圆形蛋糕一块，可食用的面条一根，橘子一个，白纸做的方形豆腐块一块，幼儿适用的塑料刀具一把。

活动过程

一、故事引入。

引导语：小白兔要过生日啦，她邀请了她的两位小伙伴——小熊和小狮子来家里做客。但是，小白兔遇到难题了，一块蛋糕要怎么分才能让她的两个好伙伴都吃到一样多的呢？聪明的小朋友，你来帮帮她吧。

二、尝试分蛋糕。

1. 幼儿每人一块圆形蛋糕、一把塑料刀具，尝试二等分。

2. 教师观察与指导幼儿等分操作并对操作结果进行验证。

三、说说二等分情况。

1. 引导语：现在谁来告诉老师，你是怎么把圆圆的蛋糕分成了两份一样大的？你是怎么知道分出来的两份是一样大的？

2. 小结：我们可以从中间来切分蛋糕，分好的两块蛋糕是一样大的两个半圆形。

四、分组等分食物。

1. 幼儿进一步尝试等分不同物体，教师进一步指导幼儿感知二等分并寻找多种等分的方法。

引导语：除了蛋糕，小白兔还拿了些其他东西招待小熊和小狮子，你们可以再帮她分一分吗?

2. 小结：这些东西都可以平均分成两份，面条是两份一样长，豆腐块是两份一样大，橘子则是两份一样多。

五、分享与小结。

1. 引导语：小白兔的生日过得非常开心，她非常感谢小朋友的帮忙。她想问问小朋友是用什么样的办法把这些东西分好的。

2. 小结：许多东西可以平均分成两份，它们可以是两份一样长，也可以是两份一样大，还可以是两份一样多。这种把物体分成相等的两份的做法，叫二等分。

六、经验分享与交流。

1. 引导语：小朋友们都很聪明，都能找到方法把东西分好。那么，接下来有个问题要考考大家了，我们的生活中有什么东西是可以二等分的？请小朋友和身边的小伙伴小声交流一下，等下老师要请小朋友上来回答。

2. 小结：我们身边有许多可以二等分的东西，比如绳子、巧克力等，所以在生活中，我们遇到需要平均分东西的时候，就可以运用今天的二等分的方法来解决。

活动延伸

领域中的渗透：在生活区中投入不同食物，让幼儿分成相等的两份。

扇　　子（大班·美术）

活动名称显得过于平淡，且有生硬之嫌，应尽量取个幼儿比较喜欢、好记，对幼儿有吸引力，能激发幼儿参与兴趣的名称。建议改为“漂亮的扇子”等。

活动目标

1. 尝试有规律地装饰扇面，感受扇子的美。

2. 引导幼儿大胆创作，体验成功的乐趣。

目标1中“有规律地装饰扇面”限制性较强。美术活动作为幼儿的个性化表达方式之一，宜让幼儿更自由与开放一些，不主张对幼儿的个性化表达做硬性的规定。目标2与目标1存在着表述主体不统一的现象。“引导”是从教师的角度，而目标1的表述角度是从幼儿出发的。建议改为：“1. 能用较完整的语言向同伴介绍扇子中所蕴含的‘美’的元素。2. 能用多种材料和喜欢的方法制作与装饰扇子。3. 能积极参与活动，并体验美工制作活动的乐趣。”

活动准备

1. 物质准备：卡纸、剪刀、固体胶。

材料太单一，无法满足幼儿多元化、个性化表达的需要。建议改为：“1. 经验准备：开展‘各种各样的扇子’调查活动，请家长与幼儿一起调查。2. 物质准备：卡纸、各色蜡光纸、贴贴纸、彩色广告纸、颜料、笔、剪刀、固体胶等。3. 环境创设：组织与引导幼儿布置‘扇子展览馆’。”

2. 环境创设：利用幼儿带来的扇子和收集的材料布置“扇子展览”。

活动准备应体现幼儿的参与。准备也是幼儿参与活动与学习的重要方式，幼儿参与准备的过程也是他们对活动内容熟悉的过程，会更利于幼儿感受扇子的美。

活动过程

一、欣赏激发。

导入方式表述不够规范、完整，建议修改为：“一、欣赏、把玩扇子，感受和发现扇子的美。”

1. 引导语：现在是什么季节？（夏天到，天气热。）你有什么好办法，使自己凉快呢？（吹空调、电

教师采用与幼儿就夏天与扇子的关系作简短谈话的方式导入，细究一下没有实在意义。因为摇扇子现在已经不是人们使自己凉

扇，吃冷饮，洗澡，摇扇子等。）

2. 欣赏各种各样的扇子：这些扇子有些是我们小朋友带来的，还有一些是老师在电脑上搜集的扇子图片。这些扇子漂亮吗？你最喜欢哪一把扇子，为什么？

快的主要方式，幼儿也不具备相应的生活经验，这样的谈话必然要经过教师的不断启发才会绕到扇子的话题上。与其如此费力费时，倒不如直接切入，即直接出示扇子，以欣赏和发现扇面图案的美引入。建议改为："1. 引导语：展览馆里有哪几种扇子？你喜欢哪些扇子，为什么？2. 引导幼儿自由地观察与把玩扇子。3. 组织幼儿交流分享。"

二、讨论制作。

1. 引导语：你想设计一把什么样的扇子？

2. 引导语：请你想想办法让扇子好看一点，你想用什么来装饰扇子？（幼儿发表看法。）

不必要讨论，因为创造性表达是比较个性的，讨论后就无法体现创造性和幼儿自己的表现了。所以，建议把原计划中的第二、三环节合并，调整为："二、制作扇子，运用多种材料和方法表现扇子的美。"引导语建议改为："先想好要设计一把什么样的扇子、装饰成什么样、怎么装饰，再动手制作。"

三、尝试制作。

引导幼儿制作扇子、装饰扇面。

1. 提醒幼儿大胆尝试，用各种材料使扇面更美。

2. 及时鼓励、帮助能力差的幼儿。

"能力差"这种措辞与当前所推行的"学习故事"的评价理念不一致，且在艺术表达方面，并不存在所谓"能力差"的幼儿，而是成人对幼儿表达缺乏欣赏式的解读能力。建议改为"有需要的幼儿"。

四、欣赏评价。

1. 引导幼儿展示与欣赏作品。

（1）引导语：你觉得自己的扇子美不美，美在哪里？还有谁的扇子也很美？

（2）引导语：把自己的扇子介绍给同伴和客人老师，说说你是用什么材料装饰的。

建议修改为："三、展示与交流，分享经验。"该环节的具体安排建议改为："1. 引导语：把自己的扇子介绍给同伴，说说你是用什么材料装饰的、美在哪里。2. 幼儿相互欣赏与自由交流。3. 教师对幼儿制作、展示与交流的情况做小结。"另外，本活动没有设计活动的结束方式，建议以交代任务的方式结束活动，请幼儿将所制作的扇子带回家，跟

2. 小结：你们做的扇子都很美，我们来开个扇子展览会吧。

家长讲一讲自己制作的扇子美在什么地方。

（杨凯红批注）

漂亮的扇子（修订后计划）

活动目标

1. 能用较完整的语言向同伴介绍扇子中所蕴含的“美”的元素。

2. 能用多种材料和喜欢的方法制作与装饰扇子。

3. 能积极参与活动，并体验美工制作活动的乐趣。

活动准备

1. 经验准备：开展“各种各样的扇子”调查活动，请家长与幼儿一起调查。

2. 物质准备：卡纸、各色蜡光纸、贴贴纸、彩色广告纸、颜料、笔、剪刀、固体胶等。

3. 环境创设：组织与引导幼儿布置“扇子展览馆”。

活动过程

一、欣赏、把玩扇子，感受和发现扇子的美。

1. 引导语：展览馆里有哪几种扇子？你喜欢哪些扇子，为什么？

2. 引导幼儿自由地观察与把玩扇子。

3. 组织幼儿交流分享。

二、制作扇子，运用多种材料和方法表现扇子的美。

1. 引导语：先想好要设计一把什么样的扇子、装饰成什么样、怎么装饰，再动手制作。

2. 引导幼儿制作扇子、装饰扇面。

（1）提醒幼儿大胆尝试，用各种材料使扇面更美。

（2）观察并适时指导有需要帮助的幼儿。

三、展示与交流，分享经验。

1. 引导语：把自己的扇子介绍给同伴，说说你是用什么材料装饰的、美在哪里。

2. 幼儿相互欣赏与自由交流。

3. 教师对幼儿制作、展示与交流的情况做小结。

四、以交代任务的方式结束活动。

引导语：请小朋友把制作的扇子带回家，跟爸爸妈妈讲一讲自己做的扇子美在什么地方。

第二辑　活动环节设计问题

活动环节的设计是整个具体教育活动计划编订的重头戏。活动环节的设计呈现的是整个活动展开的基本思路与形式，既表明了活动的各环节在活动实施过程中的先后的逻辑关系，又体现了活动过程中可能运用的具体活动形式。活动环节的设计是对活动即将付诸实施的一种预先推演，也可以说，从活动环节的设计，可以大致推知教师依此活动计划而展开的具体活动将会是一番什么样的情况。因而，活动环节设计的质量直接影响到活动实施的效果，以及活动目标的达成度。

活动环节大致可以分为导入环节、进行环节和结束环节。本书所展现的活动计划中的“活动延伸”，不作为某一活动在单位时间内展开的具体环节，而是作为某一具体活动实施之后，可以依据幼儿在此活动中所获得的经验、所激发的兴趣，以及该活动可再次利用的材料等，再生发出的相关的正式或非正式的活动。

教师在设计具体的活动环节时，一般需要注意以下几个方面。

一要考虑幼儿已有的经验水平。如果在活动开展过程中确实需要幼儿已有经验做支撑，那么应在活动的导入环节唤醒幼儿已有的生活经验。

二要考虑幼儿的认知特点。也就是说，活动难度的安排应遵循先易后难、先简单后复杂的原则。例如，在小班语言活动“什么动物吃什么”中，教师在设计“引导幼儿根据儿歌句式进行仿编”的环节时，就应先通过提问“除了儿歌里的动物，还可以请哪些动物”，让幼儿先把他们想到的小动物说出来，并清楚小动物的叫声和主食是什么之后，继而提出仿编要求。如果没有设计这样的过渡性环节，而直接提出仿编要求，就会显得过于突然，使幼儿缺乏思维上的必要“热身”，最终影响仿编质量。

三要考虑到幼儿活动情绪的唤醒、维持与释放问题。在解决活动重点或难点时，应使幼儿的活动情绪处于最适宜的状态。通常而言，教师不宜在导入环节中将幼儿的情绪调动得过高，导入环节能达到吸引幼儿的注意力、激发幼儿参与活动的兴趣即可。因为幼儿在导入环节中如果情绪过高，则有可能因提前兴奋而在接下来的活动环节中处于低迷的情绪状态，影响活动效果。

四要考虑学习内容的自身特点。比如在体育活动中，鉴于体育活动的特点，幼儿参与体育活动应经过活动前热身准备、活动中情绪高涨地运动、活动后情绪调节与放松等环节，体现体育运动的规律；而科学探究活动一般应经过激发活动兴趣与明确活动任务、积极探究与发现、迁移经验或联系实际生活经验等环节，体现学以致用。

五要紧扣活动目标。活动环节的设计是为活动目标的实现而服务的。活动环节与活动目标的关系，无外乎体现为“一对一”“一对多”或“多对一”三种情况。例如，在大班打击乐活动“池塘音乐会”中，教师将导入环节设计为“随音乐复习表演动作，体验和表现乐曲热闹的气氛”。该环节的设置偏离主题（即对音乐的感知），以复习表演动作的方式导入，有可能会占用过多时间，且将通过表演动作来体验和表现乐曲热闹的气氛放在导入环节，也有可能会误导幼儿将关注点过多地放在动作上，而不在音乐上。因而，建议改为：“欣赏乐曲，初步感受乐曲的形象、节奏。”

六要考虑各环节间的逻辑关系。活动各环节间所呈现的应是层层推进、环环相扣、线索清晰、衔接自然的状态，整个活动流程具有如行云流水般的流畅性、水到渠成般的自然性。例如，大班数学活动“生活中的数字”的第四环节“玩抽奖游戏，体验数字的有趣”，就无法较好地衔接前面的活动，且与该活动欲达成的目标不吻合。因而，建议将该环节内容改为：引导幼儿运用数字解决生活中的小问题，体验数字的重要和有趣，体会数字与生活的密切联系。

明亮的眼睛（大班·健康）

设计意图

《幼儿园教育指导纲要（试行）》（以下简称《纲要》）明确指出幼儿园必须把保护幼儿的生命和促进幼儿的健康放在工作的首位，要树立正确的健康观念。最近我们班戴眼镜矫正近视、弱视的幼儿越来越多，根据我们班出现的这个情况，我选择“明亮的眼睛”作为这次活动的主题，帮助幼儿养成良好的用眼卫生习惯，了解基本的护眼常识。

设计意图的撰写存在两个主要问题：一是文字表达欠通顺，意思表述欠清晰；二是撰写内容单一，只是简单阐述开展这一活动的必要性和缘由，对于活动内容、活动对象、活动设计等要素没有做说明。具体修改见修订后计划。

活动目标

1. 懂得眼睛的重要性，学习保护眼睛的正确方法。

2. 积极参与讨论，结合生活经验大胆发表自己的意见。

对于大班幼儿而言，目标2可以提高一点，在语言表述方面，不仅应“大胆”，还应“完整、清晰”。

3. 愿意在生活中坚持正确的用眼习惯。

目标3表述有问题。另外，习惯的培养无法在一两次集中教育活动中实现，建议直接删去。

活动准备

1. 经验准备：幼儿已与家长利用周末的时间去眼镜店观察、了解了有些人为什么要戴眼镜，并与家长讨论了正确的用眼习惯与保护眼睛的方法。

2. 物质准备：小动物图片、眼罩人手一个。

活动过程

一、活动导入：以谈话形式引出活动主题。

这一导入环节基本无效，目的不明确。

1. 引导语：小朋友们下午好，今天老师带来了好玩的东西要和小朋友们分享。

2. 提问：①老师的衣服是什么颜色的？②鞋子是什么颜色的？③活动室里的窗帘是什么颜

色的？

二、情境体验，激发幼儿的兴趣。

1. 引导语：今天老师给你们带来了一个小宝贝，和我们的眼睛有关的，你们来猜猜看是什么。

2. 引导语：现在请小朋友们拿起小椅子下面的眼罩，戴在眼睛上。

3. 提问：①现在你们能看见老师吗？有什么感觉？②你们觉得眼睛看不到东西的感觉好吗？

4. 小结：小朋友们都说出了自己的感觉，每个人的感觉都很特别，我们的眼睛能够看到许许多多的事物，眼睛对我们来说十分的重要。

环节二的目的除了激发幼儿的兴趣外，更应围绕目标1中“懂得眼睛的重要性”进行设计。

三、讲述故事，引导幼儿初步了解用眼卫生的重要性。

1. 讲述故事，引导幼儿初步了解不正确用眼带来的危害。

(1) 引导语：今天老师还请来了一位小客人，你们猜猜看他是谁。

(2) 引导语：小猴，它为什么要戴眼镜呢？我们带着这个问题，一起来听听小猴的故事吧。它也带来了一个难题想请小朋友们帮忙，它不想戴着厚厚的眼镜在森林里跳来跳去，想摘掉眼镜。

2. 分析故事情节，帮助幼儿了解眼睛生病的原因。

(1) 提问：①小朋友们听完了这个故事，你们觉得故事中的小猴怎么样？②这个故事有哪些有趣的地方？③小猴都做了些什么？小马哥哥、小鹿姐姐还有牛伯伯说了些什么？④小猴有没有听它们的话呢？最后发生了什么事情？

(2) 引导语：小朋友们听得非常仔细，也说得非常好，那么现在老师来问问你们，你们觉得小猴这样做会怎么样？

环节三存在的问题与建议：一是该环节的目的不仅仅是“引导幼儿初步了解用眼卫生的重要性”，应该围绕目标1和目标2进行设计；二是环节的设计缺乏层次和条理，应具体分小步骤撰写；三是建议分成两个环节组织活动，这样活动思路会更清晰，即分为环节三“分析原因”和环节四“学习如何做”。

本活动虽有一个故事，但活动不是故事学习活动，而是以故事内容为具体、形象的载体帮助幼儿理解问题的活动。因此，在提问的时候应侧重让幼儿借助故事了解眼睛生病的原因，而不是学习故事内容，提问①～④均存在这方面的问题。

（3）提问：①它做得好不好，为什么？你有更好的办法来帮助它保护眼睛吗？②应该在哪里看书呢？

（4）小结：原来是这么回事啊，小朋友们都说得很仔细，说出了小猴眼睛生病的原因，是因为它不正确用眼，小朋友们还帮助小猴改正了错误的用眼行为。

3. 让幼儿结合生活经验谈谈自己的想法，以及自己平常是如何保护眼睛的。

（1）引导语：现在小朋友们都知道小猴的眼睛为什么生病了，你们想像小猴一样戴起厚厚的眼镜吗？那我们的小朋友该怎么做？

（2）提问：①平常你们在生活中用到眼睛的地方多不多？你们看到哪些小朋友做得不好？②如果你很喜欢看书或者动画片，能一直看下去吗？为什么？③这样做是错误的，那我们要怎么样做呢？谁来说一说？

（3）小结：小朋友们都把你们自己在生活中保护眼睛的方法说出来了。你们可厉害了，又解决了这么多问题。小朋友可以到医院定期检查视力，也可以经常锻炼身体，做眼保健操。

4. 总结：现在小朋友们知道了眼睛对我们来说有多么重要了吧，如果我们不坚持正确的用眼习惯，那么我们就有可能像故事中的小猴一样戴起厚厚的眼镜。所以，小朋友们要坚持正确的用眼习惯，不在光线太强或太暗的地方看书，走路的时候不看书，看书写字的时间别太久，书本离眼睛要一尺远。老师相信在小朋友的帮助下，小猴肯定可以恢复视力，最终摘掉眼镜。

活动延伸

今天小朋友们学习了保护眼睛的本领，老师

活动延伸存在的问题：

在语言区中投放了许多图片，请小朋友们去看看，再和自己的同伴说一说谁做得正确、为什么正确、正确在哪里。

一是文本撰写方式上不应写出教师说的话，而应写出活动如何延伸的思路。二是以“辨别、分析正确与错误的用眼行为图片”作为活动延伸内容不合适，这一内容放在活动过程中更合适，有利于活动目标的达成。建议改为：“1.‘用眼卫生’记录卡制作活动：请幼儿将正确用眼的方法用图文的形式记录下来，然后制作成记录卡。2.家庭亲子活动：家长指导幼儿记录自己在生活中是否正确使用眼睛，一段时间后引导幼儿分析、总结，并将记录卡带到幼儿园评选‘护眼达人’。”

（曹桂莲批注）

明亮的眼睛（修订后计划）

设计意图

开学初，在户外活动时，我发现幼儿园里又有几个幼儿戴上了眼镜，这说明近视、弱视（后天因素造成）的幼儿越来越多了。《纲要》明确指出幼儿园必须把保护幼儿的生命和促进幼儿的健康放在工作的首位。《指南》也明确要求“帮助幼儿养成良好的生活与卫生习惯，提高自我保护能力，形成使其终身受益的生活能力和文明生活方式”。主配班教师和保育员做了一个小调查，发现仍有很多幼儿存在不良用眼行为、不了解如何保护眼睛（此前采用过随机教育和指导家长开展家庭教育的方式引导幼儿了解用眼卫生）。鉴于此，我们觉得有必要及时开展一个有关保护眼睛的集中教育活动，“重视眼睛健康，学习如何保护眼睛”是适合在中、大班开展的活动内容。

大班幼儿有较丰富的生活经验，接受能力和理解能力较强。因此，我在活动设计时尽量引导幼儿结合生活经验和游戏体验，自主梳理“眼睛的重要性”“不良用眼行为有哪些”“保护眼睛的方法有哪些”；在此基础上，通过看图、看视频、亲身示范等方式，帮助幼儿梳理、总结，以帮助幼儿重视眼睛，学会科学用眼。

活动目标

1. 懂得眼睛的作用及其重要性，学习保护眼睛的正确方法。

2. 积极参与讨论，结合生活经验大胆且完整、清晰地发表自己的意见。

活动准备

1. 经验准备：(1) 请家长利用周末的时间带幼儿去眼镜店参观，引导幼儿了解有些人为什么要配眼镜；请家长协助幼儿统计身边戴眼镜的人数，并采访其中某些人，了解他们的眼睛是怎么近视的。(2) 请家长引导幼儿利用图画或表格的形式记录自己一周时间里是如何使用眼睛的，并引导幼儿思考如何保护眼睛。

2. 物质准备：改编后的《小猴戴眼镜》故事图片（改变故事情节，将幼儿现实生活中的不良用眼行为融入故事）、用眼方法课件、眼罩（人手一个）。

活动过程

一、设疑导入，引发幼儿关注眼睛。

引导语：每个人都有一双能干的眼睛，如果眼睛生病了，看不见了，我们的生活会怎么样？

二、情境体验与讨论，初步了解眼睛的重要性。

1. 引导语：请小朋友们仔细看看我们的活动室，然后拿起小椅子下面的眼罩戴在眼睛上，请你们戴着眼罩去你们想去的地方，或者拿你们想拿的东西。

2. 提问：①戴上眼罩后你们有什么感觉？②如果眼睛看不见了，哪些事情我们做不了，或者做起来不方便？

3. 引导幼儿小结：如果眼睛看不见了，我们很多事情做不了，生活一点也不方便，眼睛对我们很重要。

三、结合生活经验分析患近视眼的缘由，了解近视眼形成的原因。

1. 出示图片，讲述改编后的《小猴戴眼镜》故事的开头。

提问：小猴的眼睛怎么了？脱下眼镜，它怎么样？

2. 组织幼儿猜一猜、说一说小猴患近视眼的缘由。

提问：为什么小猴得了高度近视眼？它可能做了哪些伤害眼睛的事情？

3. 讲述改编后的《小猴戴眼镜》故事的余下部分，帮助幼儿梳理近视眼形成的主要原因。

引导语：请小朋友们说一说故事中的小猴有哪些不好的用眼行为。

四、结合生活经验说一说如何保护眼睛，初步了解保护眼睛的方法。

1. 引导语：既然眼睛对我们这么重要，我们要学会保护自己的眼睛。

2. 提问：有什么方法可以保护我们的眼睛？生活中你是怎么做的？

3. 先请幼儿想一想，然后再组织幼儿分享。

4. 引导幼儿小结（结合图示）：①不要用脏手揉眼睛。②看电视时要离电视机远点，而且时间不要太长。③不要躺在床上看书。④不要坐在行走的汽车上或者摩托车上看书。⑤不要在光线太强或者太暗的地方写字、画画。⑥写字、画画的时候，身体要坐正，胸离桌要一拳，眼睛离书本要一尺。⑦要多吃新鲜的水果、蔬菜。⑧不要玩尖锐的东西，以免伤害眼睛。

五、分析、讨论课件图片，掌握保护眼睛的正确方法。

1. 出示对比图片（正确的用眼行为和错误的用眼行为），请幼儿判断、分析正确与错误的用眼行为。

2. 出示班级幼儿生活中的不良用眼行为图片，请幼儿分析。

六、以“前往阳台看远处绿色植物”的形式结束活动。

活动延伸

1. “用眼卫生”记录卡制作活动：请幼儿将正确用眼的方法用图文的形式记录下来，然后制作成记录卡。

2. 家庭亲子活动：家长指导幼儿记录自己在生活中是否正确使用眼睛，一段时间后引导幼儿分析、总结，并将记录卡带到幼儿园评选“护眼达人”。

长高了，变壮了（大班·健康）

活动目标

1. 了解自己小时候和现在的不同。

引导幼儿了解自己现在与以前的不同，目的是让幼儿学会关注自己、接纳自己，因此目标1建议改为：“关注自己，发现自己现在和过去的变化，并学会悦纳自己。”

2. 学会正确量、读自己的身高。

3. 体验健康成长的快乐。

目标2含有精确测量的意味，要求定得有点高，有较大难度。建议改为：“学会用自然测量的方式测量身高，感受身高的变化。”

活动准备

1. 经验准备：（1）幼儿听家长讲述过自己小时候的故事，并看过自己小时候的照片。（2）幼儿会读刻度尺。

刻度尺用于精确测量，要求幼儿“会读刻度尺”要求偏高，建议调整。

2. 物质准备：（1）幼儿不同时期的照片。（2）幼儿以前穿过的宝宝服。（3）故事课件“被澡盆卡住的熊”。（4）身高贴一张。（5）可擦记号笔一支。

身高贴属于精确测量，不适宜幼儿使用，建议改为“幼儿生长树”。

活动过程

一、故事导入，引发兴趣。

引导语：呀，大家快来看看，这里有一只小熊被卡在澡盆里了。这是怎么回事呢？小熊为什么会被卡在澡盆里？

二、比较不同，发现变化。

1. 引导语：①小朋友以前用的小澡盆现在还可以用吗？②大家看，这是老师小时候的衣服，放在老师身上比一比，它还合适吗？

物质准备里有“宝宝服”，教师应充分利用宝宝服让幼儿去感知与体验，因此建议在这里加上“试穿宝宝服”环节。

2. 引导语：接下来老师要和大家玩一个“猜猜”的游戏，大家看看屏幕上的小朋友是谁，猜出来的小朋友赶紧举起小手告诉老师。

3. 引导语：①原来屏幕上是我们班上的小朋友小时候的样子，大家都非常可爱，小朋友们现在和照片上有什么不同吗？②请小朋友们抱抱你旁边的小伙伴，告诉他“你真厉害，长高了，变壮了”。

4. 小结：每个人都会长大，变得和小时候不同，可能是头发变长了，手比以前大了，以前的衣服现在穿不下了。我们因为发现自己长高了、变壮了，所以知道自己长大了。

第1至3小环节文字表述逻辑较为混乱，建议采用分点方式叙述：1. 试穿宝宝服。2. “猜猜猜”游戏。3. 互相抱一抱。

三、分享成长故事，感受成长快乐。

按逻辑顺序应接着“互量身高，感受身高的变化”，最后才“分享成长故事”。因此宜将环节三“分享成长故事，感受成长快乐”放在最后进行。

1. 引导语：老师小时候也和你们一样高，喜欢和自己的小姐姐比身高，还会偷偷地在量身高的时候踮脚尖。小朋友们有没有关于小时候有趣的事情想要和你的小伙伴分享呢？请你和身边的伙伴聊一聊，也可以大胆地举手到老师的身边和大家分享。

教师的示范应该具有代表性，否则不建议轻易使用示范讲述。建议将教师的示范讲述删掉，并增加请个别幼儿在集体面前分享自己成长故事的环节。

2. 小结：我们在小时候发生了许许多多有趣的事情，和爸爸妈妈一起幸福地度过成长的时光，和小伙伴一起开心地玩耍，小时候用的一些东西，比如奶瓶、小玩具，现在已经不再用了，但是它们都是你们快乐成长的见证。

四、互量身高，自然结束。

引导语：①小朋友们平时去体检的时候，医生是怎么给大家量身高的呢？②大家有没有发现今天教室里多了一样东西？用你明亮的大眼睛找一找。③这张贴纸叫作“身高贴”，是用来量身高的，就像竖起的尺子一样。我们要两两合作，比

以下内容建议采用分点方式叙述，会显得更为清晰明了。建议改成：“三、互量身高，感受身高的变化。1. 介绍材料，引导幼儿测量并记录现在的身高。引导语：

如现在我要邀请一个小朋友上来量身高，让他贴着墙站好，不能踮起脚尖，然后拿起一本书，轻轻地平放在他的头上，对准右边的刻度，再请他走出来，一起看看书本底端对着哪一个刻度，我们要从下往上数，最后用记号笔在上边做好标记。④好啦，请我们的小医生选好自己喜欢的身高贴，两个人手拉手，排好小队伍，来帮对方量一量身高并做好记号。等到春天，我们再一起来看看大家有没有又长高了、变壮了。

活动延伸

1. 领域中的渗透：在生活区增放体重秤，让幼儿自己记录自己的体重变化。

2. 生活中的渗透：和家长一起探索发现吃什么可以长得更高、更壮。

小朋友每个人有一张'生长树'，这是你们入园以来每年的身高记录图。我们现在是大班的哥哥姐姐了，想想看，可以用什么办法把现在的身高记录下来。2. 师幼共同讨论正确的测量方法。3. 幼儿两两合作测量并记录自己的身高。4. 比较测量结果。引导语：小朋友看看自己每年的'生长树'有什么变化，也可以跟其他小朋友比比看，谁的'生长树'长得快、长得高。"

（严碧芳批注）

长高了，变壮了（修订后计划）

活动目标

1. 关注自己，发现自己现在和过去的变化，并学会悦纳自己。

2. 学会用自然测量的方式测量身高，感受身高的变化，体验成长的快乐。

活动准备

1. 经验准备：幼儿听家长讲述过幼儿自己小时候的故事，并看过自己小时候的照片。

2. 物质准备：幼儿不同时期的照片，幼儿以前穿过的宝宝服，故事课件"被澡盆卡住的熊"，"幼儿生长树"一张，可擦记号笔一支。

活动过程

一、故事导入，引发兴趣。

引导语：呀，大家快来看看，这里有一只小熊被卡在澡盆里了。这是怎么回事呢？小熊为什么会被卡在澡盆里？

二、比较不同，发现变化。

1. 试穿宝宝服。

引导语：①小朋友以前用的小澡盆现在还可以用吗？为什么？②大家看，这是老师小时候的衣服，放在老师身上比一比，它还合适吗？③小朋友，把你们带来的宝宝服拿出来试一试。宝宝服现在还能穿吗？为什么？

2. “猜猜猜”游戏。

引导语：现在老师要和大家玩一个“猜猜猜”的游戏。大家看看屏幕上的小朋友，他是谁？照片中的小朋友和现在有什么不一样？

3. 互相抱一抱。

(1) 引导语：请你跟旁边的小伙伴互相抱一抱，看看有什么感觉。

(2) 引导语：如果觉得抱对方起来很吃力，请你夸夸对方“你长大了，变壮了，你真厉害”。

4. 小结：小时候的你和现在不一样了，小时候的衣服也穿不下了，因为小朋友长高了、变壮了。小朋友长大了！

三、互量身高，感受身高的变化。

1. 介绍材料，引导幼儿测量并记录现在的身高。

引导语：小朋友每个人有一张“生长树”，这是你们入园以来每年的身高记录图。我们现在是大班的哥哥姐姐了，想想看，可以用什么办法把现在的身高记录下来。

2. 师幼共同讨论正确的测量方法。

3. 幼儿两两合作测量并记录自己的身高。

4. 比较测量结果。

引导语：小朋友看看自己每年的“生长树”有什么变化，也可以跟其他小朋友比比看，谁的“生长树”长得快、长得高。

四、分享成长故事，感受成长快乐，活动自然结束。

1. 引导语：每个人小时候都经历了一些有趣的事情，请小朋友把自己小时候有趣的故事和身边的伙伴聊一聊。

2. 请个别幼儿在集体面前分享自己成长的故事。

活动延伸

1. 领域中的渗透：在生活区增设体重秤，让幼儿自己记录自己的体重变化。

2. 生活中的渗透：和家长一起探索发现吃什么可以长得更高、更壮。

小老鼠和大老虎（二）（中班·语言）

活动目标

1. 学习观察图书中小老鼠的表情和动作，理解小老鼠的心情变化。

2. 喜欢阅读图书，感受小老鼠和大老虎的朋友关系。

3. 懂得朋友之间要平等、友好相处。

目标1不应只将角色定位在小老鼠身上，因为绘本中第二部分更多地是以大老虎的转变为主，最好是定位在两个角色上，比较能够真实反映绘本的基本内容。目标2、目标3都是属于情感态度类目标，建议进行合并，并增加一条有关讲述方面的目标。整个活动目标建议改为："1. 观察图书中角色的表情和动作，理解角色的心情变化。2. 喜欢阅读图书，能根据自己的理解讲述图书内容。3. 感受小老鼠和大老虎的朋友关系，懂得朋友之间要平等、友好相处。"

活动准备

1. 经验准备：幼儿已参加过绘本前半部分的阅读活动。

2. 物质准备：故事课件，绘本人手一本。

活动过程

一、谈话导入，唤醒经验，引出绘本内容。

1. 提问：上一次，我们一起看了《小老鼠和大老虎》这本书的前半部分，书里小老鼠和大老虎这对好朋友在一起时发生了哪些事情呢？

2. 小结：是呀，他们虽然是好朋友，但是不管做什么事，大老虎总是欺负小老鼠，所以，小老鼠心里觉得很委屈。

二、师幼共读P14～P19，观察书中小老鼠的表情和动作。

1. P14～P15：这时候小老鼠是怎么做的？他的心情怎么样？他可能在对大老虎说什么呢？

2. P16～P17：小老鼠第一次朝大老虎发脾气之后，他的心情怎么样？小老鼠可能在想些什么？你从哪里看出来的？

3. 小结：小老鼠孤零零地坐在秋千上，低着头，皱着眉，既生气，又害怕。他想："这可是我第一次对大老虎大喊大叫，他会不会生气呢？"

三、自主阅读P20～P27，重点引导幼儿发现小老鼠的心情变化。

1. 要求：从书的第20页看到第27页，看书的时候要把书平放在桌子上，一页一页轻轻翻、仔细看，看看小老鼠和大老虎之间到底发生了什么事。

2. 幼儿自主阅读，教师重点引导幼儿观察小老鼠和大老虎之间的角色转换。

3. 集体交流：小老鼠和大老虎之间到底发生了哪些事？他们还会成为好朋友吗？

自主阅读后，如何了解幼儿的阅读情况？幼儿自主阅读后马上就采用集体交流的形式，效果并不是很好。因为能够上去交流的幼儿毕竟是少数，通常也只有三五个，且幼儿刚自主阅读完，更想将他们阅读的感受、想法与同伴交流，即此时幼儿想说（表达）的需求远大于想听（倾听）的需求，故在集体交流与分享环节往往会出现幼儿在座位上自发地与同伴"窃窃私语"的现象。因而，建议先安排自由交流、同伴分享，以满足幼儿想表达的需要，再集中交流。

四、定点精读P28，提升主题。

1. 提问：小老鼠和大老虎还是好朋友吗？你是从哪里看出来的？

问题设计颠倒了，应该先引导幼儿观察大老虎和小老鼠在做什么、有怎样的表情，再思考说明了什么，而不是先概括性判断，再去观察画面。建议改为："在这一页里，小老鼠和大老虎在做什么？他们的表情是怎么样的？说明他

2. 小结：小老鼠和大老虎从此成为真正的好朋友，小老鼠和大老虎拥抱在一起，开心极了。

五、完整阅读图书，师幼一起讲述，进一步感受小老鼠和大老虎的朋友关系。

活动延伸

小老鼠和大老虎这对好朋友的故事这么有意

思，回去后我们也把这个故事讲给爸爸妈妈听。

们是不是好朋友?”

活动资料

小老鼠和大老虎（故事）

我是一只小老鼠，看见了吧，一只很小的小老鼠。我身后那个又高又壮的家伙是大老虎。我们俩是好朋友。可是，怎么说呢，我们之间还是有点小问题……

每次玩“西部牛仔”的游戏，大老虎总是当好人，我总是当坏人。大老虎说：“好人最后总是会赢的！”唉，我能说什么呢？我不过是一只很小的小老鼠。

每次分甜面圈，大老虎分到的那块总是比我的大。大老虎说：“这样分才对嘛！”唉，我能说什么呢？我不过是一只很小的小老鼠。

每次看到想要的花儿，大老虎总是命令我跳下去采给他。大老虎说：“好美的花啊！”唉，我能说什么呢？我不过是一只很小的小老鼠。

有一天，我用积木搭了座城堡，这是我搭过的最大的一座城堡！“快看——大老虎！”我得意极了。大老虎头也不回，只是怪声怪气地说：“哟，不错嘛。”突然，他跳起来，大吼一声“呀——”，用他刚刚学会的空手道把我的城堡踢飞了！

“够了！”我气得大叫起来，“我再也不跟你玩了！虽然我只是一只很小的小老鼠，但是，你也不过是个很大的大坏蛋！哼，拜——拜！”

我好生气，好伤心啊！其实，我更多的是害怕。以前，我哪敢这样对大老虎大喊大叫？只是这一次……

大老虎找到我了！我的心吓得“咚咚”直跳。完了，这下他会像踢飞我的城堡一样，一脚把我踢飞。“走开！”我冲他叫起来，“我才不怕你呢，别过来!"

奇怪的是，大老虎并没有踢我。原来，他重新搭好了我的城堡。真的呐！可是，我告诉他："我还是不想跟你做朋友。"

大老虎说："玩不玩'西部牛仔'啊？这样吧，你当好人，我当坏人。"哈，我终于可以当好人啦!

大老虎又说："吃不吃甜面圈啊？这样吧，你吃大的，我吃小的。"哈，我终于可以吃大的那块啦!

最后，大老虎说："要不要花啊？这样吧，我下去给你摘!"哈，我随便指一朵，他就勇敢地跳下去……

"嗯……可能吧。"我闻着花香告诉他，"我可能会再跟你做朋友，不过，只是有可能喔。"大老虎听了，很开心。

从那天起，我们又高高兴兴地在一起玩了——有时候我当好人，有时候他当好人。有时候我去摘花，有时候他去。对了，吃甜面圈时，我们一人一半！这真是太好啦！可是，我们还是出现了一个问题……

又来了一个更高更壮的家伙！天哪……

(杨凯红批注)

小老鼠和大老虎（二）（修订后计划）

活动目标

1. 观察图书中角色的表情和动作，理解角色的心情变化。

2. 喜欢阅读图书，能根据自己的理解讲述图书内容。

3. 感受小老鼠和大老虎的朋友关系，懂得朋友之间要平等、友好相处。

活动准备

1. 经验准备：幼儿已参加过绘本前半部分的阅读活动。

2. 物质准备：故事课件，绘本人手一本。

活动过程

一、谈话导入，唤醒经验，引出绘本内容。

1. 提问：上一次，我们一起看了《小老鼠和大老虎》这本书的前半部分，书里小老鼠和大老虎这对好朋友在一起时发生了哪些事情呢？

2. 小结：是呀，他们虽然是好朋友，但是不管做什么事，大老虎总是欺负小老鼠，所以，小老鼠心里觉得很委屈。

二、师幼共读 P14～P19，观察书中小老鼠的表情和动作。

1. P14～P15：这时候小老鼠是怎么做的？他的心情怎么样？他可能在对大老虎说什么呢？

2. P16～P17：小老鼠第一次朝大老虎发脾气之后，他的心情怎么样？小老鼠可能在想些什么？你从哪里看出来的？

3. 小结：小老鼠孤零零地坐在秋千上，低着头，皱着眉，既生气，又害怕。他想："这可是我第一次对大老虎大喊大叫，他会不会生气呢？"

三、自主阅读 P20～P27，发现小老鼠的心情变化。

1. 提出要求：从书的第 20 页看到第 27 页，看书的时候要把书平放在桌子上，一页一页轻轻翻、仔细看，看看小老鼠和大老虎之间到底发生了什么事。

2. 幼儿自主阅读，教师重点引导幼儿观察小老鼠和大老虎之间的角色转换。

3. 分享交流。

(1) 引导语：小老鼠和大老虎之间到底发生了哪些事？他们还会成为好朋友吗？

(2) 自由交流：请幼儿与同伴自由分享交流。

(3) 集体交流：请比较有代表性的三五个幼儿与大家交流自己的想法。

(4) 教师对幼儿集体分享交流的情况进行小结。

四、定点精读 P28，提升主题。

1. 提问：在这一页里，小老鼠和大老虎在做什么？他们的表情是怎么样的？说明他们是不是好朋友？

2. 小结：小老鼠和大老虎从此成为真正的好朋友，小老鼠和大老虎拥抱在一起，开心极了。

五、完整阅读图书，师幼一起讲述，进一步感受小老鼠和大老虎的朋友关系。

活动延伸

请幼儿回家后将《小老鼠和大老虎》故事讲给家长听。

秋天多么美（大班·语言）

设计意图

秋天是果实丰收的季节，散文诗《秋天》以优美生动的语言描述了这一丰收的景象。为了引发幼儿对美好生活的体验和感受，我设计了本次活动，通过谈话、欣赏、朗诵，激发幼儿的想象能力、语言表达能力，培养幼儿的合作意识、自主探索意识及体验美好生活的快乐情感。

设计意图主要用来阐明设计这一活动的意图，在分析活动内容、活动对象的基础上对活动如何设计进行说明。本活动“设计意图”的撰写没有达到这一效果。具体修改见修订后计划。

活动目标

1. 欣赏秋天的美景，学习用较完整的语言表达自己在秋天里的发现和感受。

2. 大胆想象，积极表达自己的想法。

“感受散文诗的意境美或语言美”是散文诗学习活动既基本又重要的活动目标，也是散文诗学习活动所带给幼儿的在学习成熟语言方面的最大贡献。《指南》在语言领域中也提出这样的目标期望，即“能初步感受文学语言的美”。显然，本活动目标在拟订上有失偏颇。目标 2“表达自己的想法”应具体一些，即应具体指出表达哪些方面的想法。活动目标建议改为：“1. 欣赏、感受秋天的美景，初步感受散文诗的语言美。2. 学习用较完整、生动的语言表达自己在秋天里的发现和感受。3. 积极表达自己对秋天美景的发现，萌发对大自然的热爱之情。”

活动准备

1. 经验准备：事先请家长带幼儿外出散步，寻找秋天，收集秋天美景的图片，交流秋天的景色和对秋天的感受。

2. 物质准备：音乐文件，散文诗《秋天》。

物质准备不充分，比较笼统，应做清楚的交代。

活动过程

一、播放音乐《秋天多么美》引入，激发幼儿参与活动的兴趣。

1. 播放音乐《秋天多么美》。

引导语：小朋友们，老师今天带来了一首好听的歌曲，请小朋友们仔细听一听，听听歌词里唱了什么。

2. 引导幼儿说说秋天里的发现和感受。

> 这是本活动的重要内容，不属于"导入"的范畴，建议放在第二环节中，或作为一个单独环节处理。

引导语：秋天到了，小朋友们还发现周围有哪些变化？

二、结合图片引导幼儿与同伴交流感受，并用完整的语言描述秋天的美景。

1. 幼儿分组交流，教师巡回指导。

（1）鼓励幼儿大胆与同伴交流，引导幼儿用优美的词汇、完整的语言与同伴描述自己在秋天里的感受。

> 在环节二提出此要求不妥，放在幼儿欣赏、感受《秋天》散文诗的语言美之后更为合适。只有学习之后，才能更好地运用。建议将环节二定位为：看图片欣赏秋天的美景，为欣赏散文诗做铺垫。可以向幼儿提出"用自己的语言表达对秋天的感受和理解"这一要求。

（2）引导语：老师在小朋友的桌子上放了许多你们收集过来的秋天图片，待会儿找出你的那一张，把你在什么地方找到秋天、看到或者发现了什么，讲给同组的小朋友听。

2. 游戏"我来说，你来猜"。

（1）展示个别幼儿收集的图片，请个别幼儿讲述自己的发现和感受，其他幼儿猜一猜讲的是哪个画面的内容。

引导语：秋天到了，你在什么地方找到秋天？你看到什么或者发现什么？你来猜一猜，他讲的是哪幅图片？你是怎么知道的？

（2）结合幼儿讲述进行小结。

三、引导幼儿欣赏散文诗《秋天》，帮助幼儿进一步了解秋天的季节特征，感受秋天独特的美。

> 建议增加"初步感受散文诗的语言美"这一意图。

1. 教师朗读一遍散文诗，组织幼儿讨论。

引导语：老师带来了一首有关秋天的散文诗，小朋友要仔细听，听听散文诗里讲的是秋天的什么景色，哪些是你们没有发现的。

2. 组织幼儿再次欣赏散文诗，引导幼儿说说最喜欢散文诗里的哪个景色。

（1）引导语：我们再来欣赏一遍散文诗，小朋友边听边想，你最喜欢哪个景色？为什么？

（2）小结：秋天还有很多秘密，以后小朋友可以到公园、小区再找一找，用画画或者拍照的办法记下来，然后带到幼儿园和大家一起分享。

活动延伸

1. 美工区域：引导幼儿通过想象把落叶拼贴成画。

2. 语言区域：在语言区提供图片等，让幼儿互相讲述秋天的所见所闻。

活动资料

秋　天（散文诗）

朵朵白云飘浮在蓝天，阵阵秋风吹拂着大地。梧桐穿黄衣，枫树披红袍。风把落叶吹得满天飞舞，风把菊花吹得四处飘香。

雪白的棉桃，金黄的稻谷，饱满的大豆，成熟的果子……一派丰收的景象，带给人们丰收的喜悦。

（曹桂莲批注）

秋天多么美（修订后计划）

设计意图

秋天是美丽的季节，是色彩斑斓的季节，是丰收的季节。现代都市的孩子远离大自然，他们内心对认识、欣赏大自然有着无限的渴求，也有学习用语言表达大自然美的需要。散文诗《秋天》以优美、生动、富有感情色彩的语言描述了这一景象。为了支持幼儿欣赏秋天的美，并用富有感情色彩的语言表达秋天的美，我设计了本次活动。《指南》提出“幼儿的语言学习需要相应的社会经验支持”，“幼儿的语言能力是在交流和运用的过程中发展起来的”，因此，在活动开展之前，我请家长利用周末的时间带幼儿去秋游，丰富幼儿的生活经验，丰富幼儿的语言表达内容。在活动组织方式上，我尽量提供分享交流、运用表达的机会，为幼儿创设自由、宽松的语言环境，营造平等、和谐的互动关系，让幼儿想表达、敢表达、喜欢表达自己对秋天的发现和感受。

活动目标

1. 欣赏、感受秋天的美景，初步感受散文诗的语言美。

2. 学习用较完整、生动的语言表达自己在秋天里的发现和感受。

3. 积极表达自己对秋天美景的发现，萌发对大自然的热爱之情。

活动准备

1. 经验准备：活动开展前，请家长带幼儿去秋游，寻找秋天的美景，收集秋天美景的图片，交流对秋天的感受。

2. 物质准备：音乐《秋天多么美》，散文诗《秋天》的配乐课件（含图），幼儿秋游拍摄的秋天美景照片及由此制成的课件，照片展板。

活动过程

一、聆听歌曲，激发兴趣。

1. 播放音乐《秋天多么美》引入，激发幼儿参与活动的兴趣。

2. 引导语：小朋友们，老师今天带来了一首好听的歌曲，请小朋友们仔细听一听，听听歌词里唱了什么。

二、分享交流，感受秋意。

1. 组织幼儿欣赏秋天美景图片（幼儿秋游拍摄的部分照片），结合图片引导幼儿与同伴交流想法，用自己的语言表达对秋天的感受和理解。

引导语：老师把你们的爸爸妈妈带你们去秋游拍回来的照片做成了课件，现在我们一起来看一看拍到了秋天哪些美丽的景色。

2. 依次分享交流照片。

（1）引导语：我们来看看照片，请××小朋友跟我们说一说他是在哪里找到的秋天，他找到的秋天是什么样子的。

（2）小结：小朋友找到的秋天都很美，有黄色的菊花、满地的落叶，还有农民伯伯在收割庄稼的场景。

三、欣赏散文，理解诗境。

1. 教师结合课件和音乐朗读散文诗《秋天》，帮助幼儿理解散文诗，初步感受散文诗的语言美。

引导语：今天老师带来了一些图片，我们边看图片边欣赏一首散文诗。

2. 组织幼儿分享散文诗欣赏后的感受，进一步理解散文诗并学习语言表达。

提问：这首散文诗你听了感觉怎么样？它美在哪里？

3. 组织幼儿再次欣赏散文诗，重点引导幼儿学习散文诗里的优美词语。

(1) 引导语：我们现在再来欣赏一遍这首散文诗，听一听这首散文诗里面用到了哪些好听的词语。

(2) 小结：这首散文诗里边好听的词语有很多，有“飘浮”“吹拂”“满天飞舞”“飘香”等。

四、大胆尝试，表达想法。

1. 欣赏系列秋景图片。

(1) 引导语：老师把今天小朋友带来的照片制作成了一个展板，现在请小朋友们仔细地欣赏照片，想一想要是让你用好听的句子将照片上的内容表达出来，你会怎么说。

(2) 引导语：请小朋友选一张你最喜欢的照片回到座位上坐好。

2. 引导幼儿用较完整、生动的语言表达自己对秋天美景的发现和感受，尝试丰富散文诗的内容。

引导语：现在请一个小朋友上来说一说，其他小朋友认真听他是怎样表达秋天的景色的。

3. 教师整合幼儿的想法，完整朗诵散文诗，引导幼儿完整欣赏。

活动延伸

1. 区域活动：引导幼儿将自己在外边看到的秋天景色跟同伴说一说，并把它画下来。

2. 家园共育：请家长与幼儿一起收集秋天的落叶，制作成一幅美丽的拼贴画。

小猴卖“〇”（大班·语言）

设计意图

大班幼儿对于“〇”其实并不陌生，但对于“〇”在我们生活中的应用还是没有特别广泛的认识。故事《小猴卖“〇”》正是通过生活中买卖东西的过程，引导幼儿在思考中发散思维，拓宽“〇”在生活实际中的应用，并在这基础上提高续编故事的能力。《小猴卖“〇”》这个故事，情节有趣，内容新颖，适合大班幼儿学习。文中描述的每个“〇”的不同特征十分清晰，可以给幼儿丰富的想象，利于幼儿的思考和表现。

“设计意图”存在的问题有两个：第一，“对于‘〇’在我们生活中的应用还是没有特别广泛的认识”，这是教师想当然的“评价”，这种评价在教育中比较忌讳。第二，本活动将“拓宽‘〇’在生活实际中的应用”作为活动目标之一不可取，改为“结合生活经验理解语言，学习用语言准确表达”会更合适。这也是语言活动价值取向的一部分。具体修改见修订后计划的相应部分。

在故事学习的过程中，为了帮助幼儿辨别清楚各个“〇”分别代表什么，理解故事内容，我在活动中利用图片、课件创设生动形象的情景，利用分段讲述帮助幼儿分析和理解内容，通过表演游戏让幼儿在玩中学、学中玩，并能在理解的基础上续编故事，感受文学的美和智慧。

活动目标

1. 理解故事内容，能用较清晰的语言说出不同小动物的“〇”各表示什么。

2. 能认识到“〇”在生活中的

在目标1中，故事中“〇”代表什么不难表述，难的是根据动物之间的对话分析、判断“〇”各表示什么。因此，目标不应定位为“用较清晰的语言说出”，而是“根据故运用并续编故事。

3. 对语言表达感兴趣，愿意积极主动地回答问题。

事中各种动物的对话分析出小动物要的‘○’各表示什么”。目标3表述过于宽泛，不够具体明确。本活动目标建议改为：“1. 理解故事内容，能根据故事中各种动物的对话分析出小动物要的‘○’各表示什么。2. 学说句式‘我想买个“○”，我要用它……’，积极联想‘○’在生活中的运用，并尝试续编故事。”

活动准备

1. 经验准备：幼儿在生活中接触过许多带圆形的物体。

这是既成事实，如果没有接触过，是不是不开展活动了呢？建议改为：“活动前请家长引导幼儿观察、记录生活中圆形的物品。”

2. 物质准备：课件，小猴、小鸭、小猫、小狗、小老虎、小兔、游泳圈、镜子、铁环、足球、蛋糕图片。

课件的具体内容到底是什么，应做必要的交代。

活动过程

一、谈话引入，激发幼儿对故事的兴趣。

这一谈话导入对后续活动的作用不大，建议改为出示“○”卡片，组织幼儿联想，唤起幼儿已有经验，为后续活动做准备。

1. 引导语：小朋友们平时有没有去超市呀？超市都卖什么呀？嗯，今天老师也去了超市，正好碰到一只小猴在做售货员，老师看到他那里有好多的顾客，小朋友知不知道这些客人买的是什么呢？接下来，老师给大家说说这个《小猴卖“○”》的故事吧。（讲述故事《小猴卖“○”》。）

2. 引导语：故事讲完了，刚才来了几个顾客呀？他们是谁呀？（小鸭、小猫、小狗、小老虎、小兔。）小朋友知道小猴子卖给他们的圈是什么吗？接下来，我们一起再来听一遍故事。这次听故事，请小朋友

这些内容不应是导入部分，而应是活动主体的一部分。

认真思考小动物们买的各是什么东西。

二、分段讲述，并结合课件，帮助幼儿理解故事内容。

1. 结合课件分段讲述故事，并每次都提问小动物买了什么，引导幼儿说出所买的物品。

2. 引导语：小朋友们都非常棒，现在老师这里有这些小动物，还有他们买的东西，想请我们的小朋友和老师一起找出他们各自买的东西。（玩“连连看”游戏。）

三、表演游戏，进一步理解故事内容，练习角色间的对话。

1. 集体表演。

引导语：现在啊，由老师来当小猴，由小朋友们来当这些小动物，我们一起来表演一下这个故事吧。

2. 分组表演。

引导语：在你们的椅子下面有一只小动物，请小朋友扮演这个小动物，一起来玩游戏吧。

四、续编故事，扩展生活经验。

1. 引导语：现在啊，老师想请小朋友向小猴买“○”，请小朋友开动脑筋想一想，你想找小猴买什么“○”呢？你会怎样对小猴说？

2. 引导语：现在，请小朋友和大家说一说你想找小猴买什么“○”，你是怎么对小猴说的。（例如，小猪说：“我的车子现在走不了

本环节设计存在的问题与建议：第一，确切地说，这是角色游戏；第二，组织幼儿游戏需要较长时间，且游戏是动起来的活动，先游戏再续编故事，幼儿难以静下来；第三，游戏注重幼儿的自由、自主表达和表现，如果将游戏定位为“进一步理解故事内容，练习角色间的对话”，则失去了游戏的本体价值；第四，建议将“续编故事”放在组织幼儿游戏之前，这样一来，幼儿可以将自己对故事的理解与创编融入游戏中，进行自由、自主的表达和表现。

了，正等着这个‘○’呢，有了它，我的车子就能动了。”小鸡说：“我最近太胖了，衣服的‘○’绷开了，我需要买一个新的‘○’，衣服才能扣上。”）

3. 引导语：小朋友都非常棒。那小朋友回家要和爸爸妈妈分享这个故事哦，让爸爸妈妈也来想想这些“○”代表什么，好不好？

这是结束环节的内容，建议与“续编故事”环节分开。

活动延伸

1. 在表演区投入各种圆形物品及小动物头饰，让幼儿继续表演。

2. 请幼儿回家和家长分享这个故事。

不仅要投放材料，更要引导幼儿自己布置游戏场景。

活动资料

小猴卖“○”（故事）

小猴是森林百货店的售货员，他很会动脑筋。

一天，来了五个伙伴，手里都拿着一张纸片，纸片上画着个“○”（圈，读“quān”）。

“咦，这‘○’是什么意思？”小猴摸摸脑袋，有办法了！

他问小鸭：“你买‘○’干什么呀？”“我要用它学游泳。”“知道了。”小猴拿了个“○”给小鸭，小鸭高兴地走了。

“你呢，小猫，为什么买‘○’？”小猫说：“我想用它照着洗脸、梳头。”“知道了。”小猴拿了个“○”卖给了小猫。小猫照了照，满意地走了。

“小狗，你买‘○’有什么用?”小狗举起铁钩子说：“我就缺个‘○’啦!”小猴很快就把一个“○”卖给小狗。

“小老虎，你也要‘○’吗?”“是呀，你瞧，我新球鞋都有了，正等着‘○’踢呢。”小猴拿出一个“○”递给了小老虎，小老虎高兴地付了钱。

最后轮到小兔，小兔说：“妈妈讲，明天早晨，让我用‘○’当早点。”“噢，是这样。”小猴用一个干净的袋子，装了几块“○”递给小兔，小兔也高兴地回家了。

五个小伙伴都买到了自己需要的“○”。你知道他们的“○”各是什么东西吗?

（曹桂莲批注）

小猴卖“○”（修订后计划）

设计意图

幼儿对世界充满了好奇，喜欢神秘、新奇的事物，乐于想象和思考。《小猴卖“○”》故事围绕售货员小猴和顾客的交往展开，情节有趣。故事里的小猴形象生动，通过小猴一次次的猜想，可引导幼儿理解故事内容，激发幼儿表达的愿望。这个故事不仅能发展幼儿的语言理解与表达能力，而且能培养幼儿的想象与创造力。

为了帮助幼儿理解故事内容，明确“○”分别代表什么，我将利用图片、课件创设生动、形象的情景，支持幼儿学习；最后，通过扮演小动物在小猴商店购买圆圆物品的游戏活动，引导幼儿在已有知识经验的基础上学习、理解故事，并尝试自己去表达与表现，丰富故事内容。

活动目标

1. 理解故事内容，能根据故事中各种动物的对话分析出小动物要的“○”各表示什么。

2. 学说句式“我想买个‘○’，我要用它……”，积极联想“○”在生活中的运用，并尝试续编故事。

活动准备

1. 经验准备：活动前请家长引导幼儿观察、记录生活中圆形的物品。

2. 物质准备：“○”卡片，《小猴卖“○”》的动画课件，小猴、小鸭、小猫、小狗、小老虎、小兔、游泳圈、镜子、铁环、足球、甜甜圈图片，小猴头饰数份。

活动过程

一、出示“○”卡片，唤醒幼儿已有的经验。

1. 出示“○”卡片。

(1) 引导语：老师带来一张卡片，上面有什么呀?

(2) 提问：请你们开动脑筋想一想，这个“○”像生活中的哪些物品。

2. 师幼共同小结，并引出故事。

(1) 引导语：小朋友刚才说了很多生活中圆圆的物品，有些连老师都没有想到，我要给你们点赞。

(2) 引导语：有一只小猴是森林百货店的售货员。他很聪明，爱动脑筋。你们想知道他的店里有哪些圆的东西吗？今天老师给你们带来了一个好听的故事《小猴卖“○”》，我们一起来听听吧。

二、完整与分段讲述故事，引导幼儿理解故事，初步学说对话。

1. 完整讲述故事。

提问：小猴的百货店来了哪几位客人？他们手里都拿着什么？那你们觉得这个“○”是什么呢？谁来说一说?

2. 结合课件分段讲述故事；教师边讲边提问，引导幼儿分析各种小动物的“○”各表示什么。

(1) 分析第一个“○”。

①提问：小猴问了小鸭什么问题？小鸭是怎么回答的?

②请个别幼儿说一说，然后引导集体一起学说“我想买个‘○’，我要用

它学游泳”。

③提问：小鸭买的“○”是什么？你是怎么知道的？

④幼儿说出后，教师点击课件揭示正确答案：游泳圈。

（2）分析第二个“○”。

①提问：小猫买的“○”是什么？小猫要用它干什么？你怎么知道？

②请幼儿说一说“我想买个‘○’，我想用它照着洗脸、梳头”。幼儿说出后，教师点击课件揭示正确答案：镜子。

③提问：小猫拿到镜子后，照了照，满意地笑了。“满意”是什么意思？

④引导语：请小朋友也来学小猫满意地照着镜子洗洗脸、梳梳头。

（3）依次分析第三、四、五个“○”。

3. 引导幼儿提升对故事的理解。

（1）提问：小动物买的是游泳圈、镜子、铁环、足球和甜甜圈，为什么只在纸片上画个圆呢？

（2）引导语：你喜欢这只小猴吗，为什么？和小朋友们讨论一下。

三、联想“○”在生活中的应用，帮助幼儿拓展经验，尝试续编故事。

1. 联想“○”在生活中的应用，拓展经验。

引导语：除了故事里的游泳圈、镜子、铁环、足球和甜甜圈可以用圆圈代替，还有哪些东西也可以用圆圈代替呢？

2. 组织幼儿根据刚刚所说的内容尝试续编故事。

引导语：现在，老师想请小朋友也学小动物向小猴买“○”，请小朋友开动脑筋想一想，你想找小猴买什么“○”，你会如何对小猴说、说什么。

四、创设商店情境，组织幼儿游戏，引导幼儿自由、自主地表达和表现。

1. 教师扮演顾客，与部分幼儿玩“小猴卖‘○’”的游戏。

2. 组织幼儿分组游戏，活动自然结束。

活动延伸

1. 引导幼儿在角色游戏区布置“小猴卖‘○’”游戏场景，投放圆形卡、小动物头饰，引导幼儿继续游戏。

2. 请幼儿回家和家长分享这个故事，请家长猜一猜故事中的“○”是什么。

有趣的线条（大班·语言）

活动目标

1. 对线条图展开想象，体验想象的乐趣。

2. 学习较完整、清楚地讲述想象内容，乐意大胆表达自己的想法。

本活动目标制订所存在的明显问题：一是语言领域的核心目标不够突显，二是表述不够明确具体。建议改为："1. 能根据毛线图展开想象，并用连贯的语言进行讲述。2. 能与同伴轮流讲述自己的线条图，并倾听同伴讲述。3. 积极参与活动，体验想象、讲述的乐趣。"

活动准备

物质准备：（1）各种颜色的毛线、三合板人手一份。（2）照相机、实物投影机。

物质准备（1）存在的问题：一是如果所提供的毛线的长度大致相等的话，会影响到幼儿构图质量，特别是在幼儿进行第二次操作时，会给幼儿变复杂的图形造成很大的制约。二是幼儿玩毛线时毛线要在三合板的范围内，这在客观上限制了幼儿变毛线图的动作和方法，影响变毛线图的速度。建议改为"各种颜色、长短不等的毛线，地毯"。

活动过程

一、出示毛线，激发幼儿兴趣。

1. 变魔术引出毛线。（这是一条好玩的绳子，怎么玩呢？可以用什么办法让它变成一幅线条图？）

采用直接导入的效果会更好，无须在导入环节耗费不必要的精力。建议改为："引导语：这是一条好玩的绳子，怎么玩呢？可以用什么办法让它变成一幅图画？"

2. 教师播放课件，激发幼儿想象。

提问：这幅线条图像什么？

不必用课件示范讲述线条图，示范讲述极易制约幼儿的想象力。建议将此小环节直接删去。

二、幼儿玩毛线，想象并讲述。

可以引导幼儿先从一条毛线玩起，尝试讲述，由易到难，逐步加深。建议改为："二、幼儿玩一条毛线，尝试讲述。"

1. 提出操作要求：（1）想办法，把毛线变成一幅线条图。（2）用"我变变变，毛线一扔变成了……"或者是"毛线变成……"与同伴交流。

强调幼儿按这样的句式来讲述，会限制幼儿的思路，阻碍幼儿较完整地讲述一段话。建议改为："（2）图形变好后请旁边的同伴来欣赏，把自己的毛线图介绍给他。（3）保护

2. 幼儿自由操作毛线，教师巡回观察，引导幼儿边玩边轻声地讲述，从讲一句话到讲几句话，鼓励幼儿相互观察和讲述。

好自己的毛线图，不要弄坏别人的图。”

教师在巡回观察与指导的过程中，在必要的时候以平等的角色和幼儿一起玩毛线、讲毛线图，进行自然示范和间接指导；当然，在幼儿操作活动过程中，教师更多的时候是观察和倾听，而不是急于或忙于做这个或那个“指导”。建议改为：“幼儿自由操作毛线，教师拿着毛线和幼儿一起玩，自然示范和引导。”

3. 交流展示，通过实物投影机展示幼儿作品，请个别幼儿讲述。

要帮助幼儿梳理出讲述一幅图的基本方法，以体现出教师在活动指导中的作用。建议改为：“请个别幼儿介绍自己的毛线图，根据幼儿讲述情况，教师帮助幼儿梳理讲述一幅图的顺序、方法。”

三、再次变毛线图，想象并讲述。

要体现递进的玩法。建议改为：“三、分组玩多条毛线，想象并讲述一幅图。”

1. 提出操作要求：两分钟内把多条毛线变成线条图，讲述一小段话。

2. 幼儿自由摆线条，看图编成一小段话。

幼儿边操作边进行创编，教师巡回观察、指导，帮助幼儿确定主题，完整讲述成一小段话或一个小故事。

不要限制幼儿玩的方法。幼儿在摆毛线前，首先要思考摆成什么图、怎么摆，摆好后还要注意保护图形，因为毛线轻、易变。这个操作花费了大量的时间和精力，在短短的一个活动里面幼儿就没有想象、讲述的时间。具体修改详见修订后计划。

3. 作品交流，幼儿讲述自己编的小故事，要求讲述的幼儿声音响亮，语句、情节讲述完整，其他幼儿能耐心倾听。

要给每个幼儿充分讲述的机会，集中交流必然会限制幼儿交流的人数与质量，应多为幼儿创设自由交流的机会。具体修改详见修订后计划。

四、活动自然结束。

（杨凯红批注）

有趣的线条（修订后计划）

活动目标

1. 能根据毛线图展开想象，并用连贯的语言进行讲述。

2. 能与同伴轮流讲述自己的线条图，并倾听同伴讲述。

3. 积极参与活动，体验想象、讲述的乐趣。

活动准备

物质准备：（1）各种颜色、长短不等的毛线，地毯。（2）照相机、实物投影机。

活动过程

一、出示毛线，激发幼儿兴趣。

引导语：这是一条好玩的绳子，怎么玩呢？可以用什么办法让它变成一幅图画？

二、幼儿玩一条毛线，尝试讲述。

1. 提出操作要求。

（1）想办法，把毛线变成一幅线条图。

（2）图形变好后请旁边的同伴来欣赏，把自己的毛线图介绍给他。

（3）保护好自己的毛线图，不要弄坏别人的图。

2. 幼儿自由操作毛线，教师拿着毛线和幼儿一起玩，自然示范和引导。

3. 交流展示，通过实物投影机展示幼儿作品。

请个别幼儿介绍自己的毛线图，根据幼儿讲述情况，教师帮助幼儿梳理讲述一幅图的顺序、方法。

三、分组玩多条毛线，想象并讲述一幅图。

1. 操作要求：两人各自把多条毛线变成线条图，把自己的图讲给对方听，或者讲对方的图，听的人要专心听。

2. 幼儿找朋友结对子自由玩毛线，看图编成一小段话或一个小故事。

幼儿边玩毛线边想象，教师注意观察，协助幼儿确定主题，完整讲述成一小段话或一个小故事。

3. 作品交流。

（1）自由交流：结对子的两人互相讲述后，变换朋友互相讲述。

（2）集中交流：请 2～3 名幼儿讲述自己编的一小段话或小故事，要求讲述的幼儿声音响亮，语句、情节讲述完整，其他幼儿能耐心倾听。

四、以对集中交流的 2～3 名幼儿的讲述情况做评价的方式结束活动。

感恩的心（大班·社会）

活动目标

1. 知道与人分享，乐于帮助别人。

本活动是要让幼儿懂得感恩以及如何感恩，目标1所表达的却是分享与帮助，显然与本活动的关联度不够，且活动的第一条目标按常理应是活动最为重要的目标，而这里明显不是。建议直接删去目标1。

2. 感受被关爱的幸福，并初步学会感恩。

3. 能运用多种方式表达自己的感激之情。

活动准备

1. 经验准备：幼儿已学过歌曲《感恩的心》和散文诗《感恩的心》，和家长一起收集了有关感恩和关爱的照片资料。

2. 物质准备：各种心形小卡片，彩笔，图画纸，装饰材料，表演道具。

这些材料应是为幼儿自主表达感恩之情而提供的，因而建议分组呈现。

3. 环境创设：布置“身边的爱”展区。

活动过程

一、参观照片展导入，激发幼儿学习的兴趣。

这已不仅仅是导入和激趣，而是让幼儿直入活动主题。建议改为：“一、欣赏照片，感受帮助与分享。”

1. 提问：照片上有谁？他们在做什么？他们的心情怎么样？

2. 小结：照片上有一些小朋友和帮助小朋友的人，有家长帮小朋友穿衣服，有老师扶起摔倒的小朋友，有同伴把自己的玩具和小朋友分享等，他们看上去很开心、很幸福。

作为大班幼儿活动，教师在小结环节可以适当概括一点，小结应简洁且紧扣目标，力求做到切题与点题。建议改为：“小结：照片上讲了许多互相帮助和分享的事情，他们看上去很开心、很幸福。”

3. 引导幼儿学会与人有礼貌地交往、分享，乐于帮助别人。

二、引导幼儿感受被关爱的幸福情感。

1. 提问：当你被关爱和关爱别人的时候心里感觉怎么样？对帮助我们的人我们可以为他们做点什么？

2. 小结：被关爱的时候心情很开心也很感动，关爱别人的时候心里很开心。

三、引导幼儿讨论感恩的表达方式，并初步学会感恩。

1. 提问：别人关爱你、帮助你，你要怎么感恩呢？你觉得可以用什么方式来表达你对别人的感激之情呢？

2. 小结：我们可以先礼貌地说声“谢谢”，可以做感恩卡片或画一张画，也可以帮助他们做一件事，或者为他们表演一个节目，或者可以帮他们按摩、洗脚。

四、引导幼儿根据教师提供的物质材料自主活动，运用多种方式表达自己的感激之情。

1. 提出要求：幼儿每人至少选择一种感恩的表达方式，可以制作感恩卡片或画画，也可以编排一个表演节目。幼儿要将制作完的感恩卡片或画的画放在展区里，而幼儿自主编排的舞蹈可以课后表演给教师和同伴看。

本环节建议直接删去。

情感方面比较不适合使用“引导”一词来搭配。环节二建议改为：“二、迁移照片内容，唤醒被关爱的幸福情感。”该环节第1点的具体安排改为：“1. 自由交流。提问：照片上发生的事情，你也有吗？当你遇到困难的时候得到过谁的帮助？心里感觉怎么样？2. 集中交流。”

环节三与环节四的共同主题都是表达感恩，因而建议合并为：“三、选择喜欢的方式表达感谢，初步学会感恩。”具体安排详见修订后计划。

2. 幼儿自主表达，教师巡回指导。

活动延伸

学会感恩我们的家人和身边关爱我们的人，回去为你想感恩的那个人做一件你力所能及的事情。

（杨凯红批注）

感恩的心（修订后计划）

活动目标

1. 感受被关爱的幸福，并初步学会感恩。

2. 能运用多种方式表达自己的感激之情。

活动准备

1. 经验准备：幼儿已学过歌曲《感恩的心》和散文诗《感恩的心》，和家长一起收集了有关感恩和关爱的照片资料。

2. 物质准备：（1）美工组：各种心形小卡片、彩笔、图画纸、装饰材料。（2）音乐表演组：各种表演道具、器材、音乐。（3）创作组：刺绣、纸浆造型等。（4）分享组：幼儿带来的玩具、心爱的东西等。

活动过程

一、欣赏照片，感受帮助与分享。

1. 引导语：照片上有谁？他们在做什么？他们的心情怎么样？

2. 小结：照片上讲了许多互相帮助和分享的事情，他们看上去很开心、很幸福。

二、迁移照片内容，唤醒被关爱的幸福情感。

1. 自由交流。

提问：照片上发生的事情，你也有吗？当你遇到困难的时候得到过谁的帮助？心里感觉怎么样？

2. 集中交流。

3. 小结：被关爱的时候心情很开心也很感动，关爱别人的时候心里很开心。

三、选择喜欢的方式表达感谢，初步学会感恩。

1. 提出活动要求：①先想好你最想感谢谁，想怎样表达你对他的感谢。②自由选择小组，用自己的方式表示感谢。

2. 幼儿自选小组活动，教师观察与指导。

3. 互相感谢，分享交流。

四、在幼儿互相感谢中，自然结束活动。

活动延伸

请幼儿回去为自己想感恩的那个人做一件力所能及的事情，以表达感恩之情。

油和水的混合
（中班·科学）

活动名称不用“相溶”，而使用“混合”一词来表述更为准确。

活动目标

1. 知道油和水混合在一起互不相溶的现象，并能表达自己的发现。

2. 大胆地探索油水混合的方法，产生对洗涤用品的关注与好奇。

3. 积极参与科学探究活动，及乐于猜想实验的意识。

本活动目标存在的主要问题：一是目标1和目标2涉及探究两个核心概念。作为一个活动探索一个核心概念（一个问题）即可，如果探究两个核心概念必然会导致活动过程过于冗长或易蜻蜓点水式地“走过场”。二是目标3后半句表达不通顺且不恰当。建议改为：“1. 探索发现油不溶于水、油在上水在下的现象。2. 乐于猜想，并能较清楚地表达自己的探索过程和结果。3. 体验探究油水混合实验活动的乐趣。”

活动准备

物质准备：水、油、筷子、一次性水杯、手帕、洗衣液、洗衣粉、实验记录表、蜡笔。

探究活动一般需要相应的经验准备，即幼儿对水、油有初步的感知，对物质的溶解现象有一定的经验。另外，在物质准备中，为了便于幼儿观察，同时使实验结果更加明显，建议增加汤匙或者滴管，这样油就可以慢慢加到水里了。

活动过程

一、出示水和油，激发探索兴趣。

引导语：这里有一杯水和一杯油。你们知道哪杯是油，哪杯是水吗？你是怎么知道的？

二、幼儿猜想并做实验。

建议环节二与环节三与合并。

1. 介绍今天实验操作的材料和实验记录表。

2. 幼儿大胆猜想实验结果。

3. 引导语：请你们去试一试，把油倒在水里或者把水倒在油里，看一看会出现什么现象。

4. 提出实验要求。

这3小点写得啰唆，层次不清，完全可以合并为一点，即：“1. 出示材料、记录表，鼓励幼儿猜想，教师记录幼儿的猜想。”

(1) 实验的时候，要注意油和水倒入的先后顺序，并记录在实验记录表上。

(2) 倒入油和水的时候要沿着杯口倒入，避免油或者水溅出。

5. 师幼交流。

这里的“师幼交流”，应明确是结合记录表和实验结果而进行的。

引导语：你把什么倒入什么？发现了什么？

讨论的问题要针对操作的过程和结果：你是怎么操作的？发现了什么？（追问：一开始怎么样？接着有什么变化？）

6. 小结：无论是油倒在水里还是水倒在油里，油都会在上面，水都会在下面。它们是分离的，不会混合在一起。

小结要简洁而准确，建议改为：“油是不溶于水的，不管有没有搅拌，油总在上，水总在下。”

三、操作实验，感知油和水搅拌后分离的现象。

建议环节三与环节二整合，不作为一个单独的环节存在；后面再相应地增加经验迁移的环节，让幼儿感受到科学就在生活的周围，科学是有趣而有用的。这种环节设计也是科学探究活动比较常用的套路。

1. 引导语：当我们用力帮它们的时候，它们是否会溶合在一起呢？（请幼儿猜测。）

2. 请两名幼儿上前示范，用力搅拌油和水，教师引导幼儿观察搅拌时的现象和停止后的现象。

3. 提出集体操作的要求：①小朋友在搅拌的过程中，要一手扶着杯子，一手搅拌，避免油水混合物溅出。②小朋友如果手上沾到油，要及时用抹布擦干净小手，桌面也要保持干净。

4. 幼儿集体操作，教师观察指导。

5. 师幼交流。

6. 小结：用筷子用力搅拌，油

和水还是分离的，不会混合。

活动延伸

1. 请幼儿回家继续和家长一起寻找生活中油水不相溶的现象。

2. 在美工区提供油画棒、颜料水和纸，请幼儿玩一玩“油水分离画”，想一想为什么颜料水不会和油画棒混在一起，进一步感受油水分离现象在生活中的运用。

（许琼华批注）

油和水的混合（修订后计划）

活动目标

1. 探索发现油不溶于水、油在上水在下的现象。

2. 乐于猜想，并能较清楚地表达自己的探索过程和结果。

3. 体验探究油水混合实验活动的乐趣。

活动准备

1. 经验准备：幼儿对水、油有初步感知，对物质的溶解现象有一定的经验。

2. 物质准备：水、油、汤匙、筷子、一次性水杯、手帕、脸盆、洗手液、肥皂、实验记录表、蜡笔等。

活动过程

一、出示水和油，激发探索兴趣。

引导语：这里有一杯水和一杯油。你们知道哪杯是油，哪杯是水吗？你是怎么知道的？

二、幼儿猜想并做实验。

1. 出示材料、记录表，鼓励幼儿猜想，教师记录幼儿的猜想。

(1) 引导语：如果把油和水加在一个杯子里，搅拌它们，会出现什么现象呢？它们会混合在一起吗？

(2) 幼儿自由猜想，教师将幼儿的几种猜想用蜡笔画在记录表上。

（3）教师讲解如何将实验的结果记录在记录表上。

2. 提出实验前的要求。

（1）取一个杯子，用汤匙分别加入油和水，搅拌一会儿，再安静放一会儿，仔细观察有什么变化。

（2）说一说自己的发现，并做好记录。

（3）小心操作，不把水和油洒在桌子上。

3. 幼儿操作、记录，教师观察与指导。

4. 结合记录表和实验结果，师幼交流。

（1）引导语：你是怎么操作的？发现了什么？（追问：一开始怎么样？接着有什么变化？）

（2）小结：油是不溶于水的，不管有没有搅拌，油总在上，水总在下。

三、解决问题，感知生活中油水不相溶的现象。

1. 启发幼儿讨论：手沾到油，用清水能不能洗掉？（不能，因为油不会溶解在水中。）那怎么才能洗干净？

2. 为幼儿提供脸盆、洗手液、肥皂等，鼓励幼儿自由尝试如何将沾到油的手洗干净。

3. 组织幼儿相互讨论，请个别幼儿说说自己的发现。

4. 小结：因为油和水是不相溶的，所以用水来洗沾到油的手，洗不干净，要用肥皂或者洗手液来洗才能洗掉。

四、活动在教师小结中自然结束。

活动延伸

1. 请幼儿回家继续和家长一起寻找生活中油水不相溶的现象。

2. 在美工区提供油画棒、颜料水和纸，请幼儿玩一玩“油水分离画”，想一想为什么颜料水不会和油画棒混在一起，进一步感受油水分离现象在生活中的运用。

瓶中吹气球（大班·科学）

活动目标

1. 通过猜测、操作、记录等方式了解在瓶中吹气球与瓶中空气压力的关系。

2. 能用语言表达自己的操作结果。

3. 通过瓶中吹气球，体验科学探究的乐趣。

目标1表述存在的问题：一是“通过猜测、操作、记录等方式”为活动过程或活动措施，在活动目标表述时可以直接省略。二是“了解在瓶中吹气球与瓶中空气压力的关系”，其中“空气压力”比较抽象，对大班幼儿来讲存在理解上的困难。建议改为：“感知空气需要占据一定的空间，进一步感受空气的存在。”目标2对大班幼儿的语言表达要求过于简单，且较笼统。建议改为：“能用清晰的语言表达，并用符号记录自己的操作结果。”

活动准备

1. 经验准备：幼儿已初步感知空气无处不在的。

2. 物质准备：气球一个、矿泉水瓶两个（其中1号瓶底没有洞，2号瓶底有洞）、夹子、记录表、笔等材料人手一份。

物质准备中矿泉水瓶的属性，如大小、形状与材质等，应做明确交代。

活动过程

一、吹气球游戏导入，激发兴趣。

1. 引导语：我们来玩吹气球游戏吧，比比谁的气球吹得最大。告诉大家你是用什么方法吹的。

2. 小结：要用嘴巴紧紧贴住气球用力吹，才能将气球吹得大大的。

二、出示瓶子、记录表，幼儿猜想，教师进行记录。

引导语：刚才我们把气球都吹得大大的，可是气球宝宝很调皮，想要在瓶子里面吹大自己，你们觉

引导语不够简洁清晰，对幼儿操作活动未能起到很好的指导作用，应分点依次提出问题，保证逻辑的层次性。建议改为：“1. 引

得把气球装在瓶子里，还能吹起来吗？老师给大家准备了两个瓶子，请你们去玩一玩，看看两个瓶子宝宝有什么不一样，猜一猜它们能把调皮的气球宝宝吹大吗。	导语：气球装进瓶子里，还能吹得大大的吗？2. 引导语：这里有两个瓶子，1号和2号，你们来猜一猜在哪一个瓶子中能把气球吹大。3. 引导语：猜测能吹大的小朋友请举手，用什么来表示能吹大呢？（画"√"，反之则画"×"。）"
三、动手操作，大胆尝试，比较结果（操作记录，比较结果）。	建议改为："幼儿尝试操作，并做记录。"
1. 出示记录表，提出操作要求。	
（1）引导语：有的小朋友觉得1号瓶子宝宝可以把气球吹大，有的觉得是2号。那现在调皮的小气球想请你们帮忙，让它到瓶子里面去玩，请你们试一试哪个瓶子更能把气球吹得大大的。	
（2）要求：①吹完以后把你的发现记录在记录表上。②操作完把记录表贴在黑板上。	操作要求不明确，应采用分点方式叙述。建议改为："（1）两个瓶子都要试，嘴巴紧紧贴住气球用力吹。如果成功，别忘了找一找瓶子身上有什么秘密。（2）把你的发现记录下来，操作完把记录表贴在黑板上。（3）手不要用力捏塑料瓶，注意卫生。"
2. 幼儿操作，教师提醒幼儿将吹好的气球拧紧，并用夹子夹紧。	
3. 借助幼儿的操作结果进行交流。	
（1）引导语：谁愿意来跟大家说一说你觉得在哪个瓶子中更容易把气球吹大，并且告诉大家你是怎么记录的？	"觉得"带有较强的主观色彩，使用"发现"更贴切。
（2）小结：在瓶底有洞的2号瓶子中能把气球吹大，在1号瓶子中不容易把气球吹大。	
四、游戏迁移：会跳舞的餐巾纸。	这一环节探索的是空气流动（风）把纸屑吹走，与本活动关联度不大。一般而言，通过实验操作去发现某种"秘密"之后的环
引导语：为什么瓶子上有洞，	

气球就容易吹起来，而瓶子上没有洞，气球就不容易吹起来呢？老师不仅给你们准备了气球，还为你们准备了一些纸屑，请你们拿着瓶子对着纸屑吹气，看看会发生什么好玩的事情。

节安排，更常见的是联系生活实际，迁移生活经验。另外，本活动还应有相应的活动延伸。

（许琼华批注）

瓶中吹气球（修订后计划）

活动目标

1. 感知空气需要占据一定的空间，进一步感受空气的存在。

2. 能用清晰的语言表达，并用符号记录自己的操作结果。

3. 通过瓶中吹气球，体验科学探究的乐趣。

活动准备

1. 经验准备：幼儿已初步感知空气是无处不在的。

2. 物质准备：气球一个，大小、形状与材质一样的矿泉水瓶两个（其中1号瓶底没有洞，2号瓶底有洞），夹子，记录表，笔等材料人手一份；轮胎、真空压缩袋、充气玩具等教学图片。

活动过程

一、吹气球游戏导入，激发兴趣。

1. 引导语：我们来玩吹气球游戏吧，告诉大家你是怎么吹的、气球发生了什么变化。

2. 小结：要用嘴巴紧紧贴住气球用力吹，才能将气球吹得大大的。

二、出示瓶子、记录表，记录幼儿猜想。

1. 引导语：气球装进瓶子里，还能吹得大大的吗？

2. 引导语：这里有两个瓶子，1号和2号，你们来猜一猜在哪一个瓶子中能把气球吹大。

3. 引导语：猜测能吹大的小朋友请举手，用什么来表示能吹大呢？（画“√”，反之则画“×”。）

三、幼儿尝试操作，并做记录。

1. 出示记录表，提出操作要求。

(1) 两个瓶子都要试，嘴巴紧紧贴住气球用力吹。如果成功，别忘了找一找瓶子身上有什么秘密。

(2) 把你的发现记录下来，操作完把记录表贴在黑板上。

(3) 手不要用力捏塑料瓶，注意卫生。

2. 幼儿操作，教师提醒幼儿将吹好的气球拧紧，并用夹子夹紧。

3. 借助幼儿的操作结果进行交流。

(1) 引导语：谁愿意来跟大家说一说在哪个瓶子中容易把气球吹大？你是怎么记录的？

(2) 小结：在瓶底有洞的 2 号瓶子中能把气球吹大，在 1 号瓶子中不容易把气球吹大。

4. 引导幼儿自由猜测原因，提升经验。

(1) 引导语：是什么原因让气球不能被吹大？

(2) 引导语：因为瓶子里装满了空气，没有洞的瓶子被空气占满了，所以气球就吹不大。在有洞的瓶子中，吹气球时把瓶子里的空气从小洞里挤出去了，气球就变大了。

四、联系生活，拓展经验。

1. 引导语：除了气球外，你在生活中还见过类似的现象吗？

2. 引导幼儿发言，并展示图片（如轮胎、真空压缩袋、充气玩具等）。

五、将材料投放在科学区，以鼓励幼儿进一步探索的方式结束活动。

活动延伸

1. 将材料投放在科学区，引导幼儿进一步尝试、探索、发现。

2. 提供材料，引导幼儿进行类似的实验，如“不湿的手帕”。

有趣的沙漏（大班·科学）

活动目标

1. 喜欢参与探究活动，体验自由操作带来的乐趣。

2. 通过操作感知沙漏速度与漏口大小、多少及装沙量的关系。会用简单的符号记录自己的猜想及操作后的结果。

3. 乐意与同伴合作探索，大胆表述操作过程与结果。

目标1是属于情感态度类，似乎适用于所有科学探究类活动，可以在表述能力目标时做渗透，即改为："乐意与同伴合作探究，发现沙漏速度与漏口、装沙量等因素之间的关系。"目标2第一句的意思其实就是通过操作去发现沙漏速度与漏口、装沙量这两个因素的关系，当然漏口这一因素又有漏口口径大小和漏口开口数量的多少两个子因素。原来的表述不清楚，且不够简洁。目标2第二句中"会用简单的符号记录"，这对大班幼儿来讲显然是要求过低。目标3的前半句，也涉及情感态度，与目标1有重复。

活动准备

物质准备：用饮料瓶制作的沙漏，各种饮料瓶，钻有不同大小、数量漏洞的瓶盖，大盆细沙，透明胶，勺，漏斗，记录纸，笔。

要保证本活动在单位时间内有效而顺利地开展，显然需要幼儿具有相关的经验准备，如"幼儿已经玩过自制的沙漏"。

活动过程

在整个活动过程中，教师应紧扣"发现沙漏速度与漏口、装沙量等因素之间的关系"这一核心目标，有目的、有步骤地对"沙子量""漏洞多少""漏洞大小"等各种相关变量进行控制，并引导幼儿去操作与发现它们之间的关系。这是所有类似的科学探究活动需要把握的重点。

一、观察与探索。

1. 幼儿自由观察沙漏，引导幼儿谈论：你发现这些沙漏有什么相同与不同之处？你是怎么玩的？

2. 幼儿结伴探索，鼓励幼儿与同伴交流自己在操作中发现了什么。

作为导入环节，本活动导入方式无法很好地激发幼儿参与活动的兴趣，为下个环节的开展做有效的铺垫。建议改为："一、幼儿自由操作与讨论，唤醒已有经验。1. 幼儿自由操作与观察沙漏，引导幼儿谈论：你是怎么玩沙漏的？怎样让沙漏里的沙子快点流完？

2. 幼儿交流后，教师小结：把瓶子的一头翻转，沙子就会从瓶盖中间的孔流下来。用力摇一摇，沙漏里的沙子会快点流完。”

二、猜想与记录。

1. 出示记录表，引导幼儿观察比较每组实验有何不同。

2. 结合记录表，启发幼儿进行猜想：你觉得哪种材料做成的沙漏速度快？为什么？

3. 引导幼儿用简单的符号将自己的猜想记录在纸上，鼓励幼儿与同伴交流自己猜想的依据。

本环节应让幼儿参与实验的设计、猜想。制订研究方案是科学探究中很重要的一个环节，可以让幼儿思维得到很好的锻炼。本活动环节设计存在的主要问题，是没有引导幼儿有效地对实验变量进行控制。也就是说，对于“猜想→记录→操作→验证”这一重要环节，教师应引导幼儿根据不同的变量设计不同的实验。如果教师不做这样清晰的操作要求，必然会影响幼儿的实验质量。本活动的操作应引导幼儿分两次操作，分层次投放材料，注意从易到难。

三、验证与交流。

1. 提出要求。

（1）先与同伴讨论，根据记录表分工制作不同的沙漏。

（2）装沙时要小心，不洒在桌上或地上。

（3）将实验的结果用简单的符号记录在纸上，并与同伴交流自己的发现。

为控制实验变量，两个沙漏要同时翻转。这在要求中要加以强调，以免影响实验效果。

2. 幼儿自由选择材料，与同伴合作实验。教师启发幼儿分工合作，制作不同的沙漏，再进行实验。引导幼儿观察沙漏的速度与漏口大小、漏洞多少及装沙量的关系，并在纸上记录实验的结果。鼓励幼儿与同伴交流操作的过程与结果。

3. 启发幼儿谈论：你验证后的结果与你预测的是否相同？你在操作时发现了什么？

交流与分享对幼儿来讲是很重要的学习环节。在这一环节中教师所提出的问题以及所做的解释要针对操作过程、结果，以达到

四、拓展经验。

引导语：你知道沙漏有什么用途吗？

帮助幼儿梳理信息、提升经验之目的。

活动延伸

引导幼儿在科学区继续探索影响沙漏速度的因素，如沙漏流速与干湿沙的关系。

（许琼华批注）

有趣的沙漏（修订后计划）

活动目标

1. 乐意与同伴合作探究，发现沙漏速度与漏口、装沙量等因素之间的关系。

2. 尝试用数字、图画或其他符号记录，并能大胆表述操作过程与结果。

活动准备

1. 经验准备：幼儿已经玩过自制的沙漏。

2. 物质准备：用饮料瓶制作的沙漏，各种饮料瓶，钻有不同大小、数量漏洞的瓶盖，大盆细沙，透明胶，勺，漏斗，记录纸，笔。

活动过程

一、幼儿自由操作与讨论，唤醒已有经验。

1. 幼儿自由操作与观察沙漏，引导幼儿谈论：你是怎么玩沙漏的？怎样让沙漏里的沙子快点流完？

2. 幼儿交流后，教师小结：把瓶子的一头翻转，沙子就会从瓶盖中间的孔流下来。用力摇一摇，沙漏里的沙子会快点流完。

二、第一次操作：感知漏口相同、沙量不同的沙漏的流速。

1. 猜想与记录。

(1) 结合记录表，启发幼儿猜想：漏口相同、沙量不同，你觉得哪种沙漏先流完？为什么？

(2) 引导幼儿用自己的方法将猜想记录在纸上，鼓励幼儿与同伴交流自己猜想的依据。（如先流完的沙漏标上数字 1，后流完的标上 2。）

2. 验证与交流。

(1) 提出要求：①两人一组，装不同的沙，装沙时要小心。②注意比较时两个沙漏要同时翻过来。③将实验的结果记录在纸上，并与同伴交流自己的发现。

（2）幼儿自由选择材料，与同伴合作进行实验。

启发幼儿分工合作进行观察、记录，提醒两个沙漏要同时翻过来。

（3）结合记录表，引导幼儿与同伴交流操作的过程与结果，并请几组幼儿发言。

①引导语：谁愿意把你们组的实验结果告诉大家？和猜想的一样吗？

②引导语：为什么有的沙漏里的沙子先流完？和什么条件有关系？

③小结：当漏口相同时，沙子量少的沙漏先流完，量多的沙漏后流完。

三、第二次操作：感知沙量相同、漏口不同的沙漏的流速。

1. 猜想与记录。

（1）结合记录表，启发幼儿猜想：沙量相同、漏口不同，你觉得哪种沙漏先流完？为什么？

（2）引导幼儿用自己的方法将猜想记录在纸上，鼓励幼儿与同伴交流自己猜想的依据。

2. 验证与交流。

（1）提出要求：①两人一组，装相同的沙，选择不同的瓶盖来制作沙漏。②注意比较时，两个沙漏要同时翻过来。③将实验的结果记录在纸上，并与同伴交流自己的发现。

（2）幼儿自由选择材料，与同伴合作进行实验。

观察幼儿操作情况，提醒幼儿在瓶身上做记号，使两个瓶子装沙量相同。

（3）结合记录表，引导幼儿与同伴交流操作的过程与结果，并请几组幼儿发言。

①引导语：谁愿意把你们组的实验结果告诉大家？和猜想的一样吗？

②引导语：为什么有的沙漏里的沙子先流完？和什么条件有关系？

③小结：当沙子的量相同时，孔洞大的、多的沙漏先流完，孔洞少的、小的沙漏后流完。

四、联系生活实际，拓展经验。

引导语：你知道沙漏有什么用途吗？

五、以教师小结沙漏的其他用途结束活动。

活动延伸

引导幼儿在科学区继续探索影响沙漏速度的因素，如沙漏流速与干湿沙的关系。

把小鱼变得一样多（中班·数学）

活动目标

1. 在正确感知10以内数量的基础上学习比较10以内数量的多少。

2. 学习用“添上”或“去掉”的方法把不一样多变成一样多。

3. 在游戏中体验数学活动的乐趣。

本活动目标存在的主要问题：目标1表述不清；目标2是具体做法，非目标要求；目标3是属于情感态度类目标，但显得针对性不强，似乎所有活动都适用。建议改为：“1. 正确点数10以内的数，感知10以内两数之间多1和少1的关系。2. 能大胆而比较连贯地在同伴面前表述自己的想法。3. 能积极主动地参与游戏活动，体验数数的乐趣。”

活动准备

1. 经验准备：（1）在日常生活中幼儿已会辨认1～10的数字。（2）幼儿有户外融合游戏的经验。

2. 物质准备：1～10的数字卡，游戏音乐，小鱼、大鱼若干，篮子、盘子若干，包装错误的小鱼若干份。

活动过程

一、创设“海洋”情境，激发幼儿兴趣。

二、通过游戏，感知9和10之间多1和少1的数量关系。

第二个活动环节设计存在着层次不清晰的毛病。该环节其实应包含三个层次，即正确点数9和10的数量、感知9和10两数之间的关系，以及感知10以内两数之间多1和少1的关系。

1. 播放音乐，引导幼儿结对“抓小鱼”，分别手口一致地点数数量为9和10的鱼，并放在对应数字的篮子里。引导抓完小鱼的幼儿回到位子上进行两两检查。

2. 引导幼儿两两结对，比较9和10的多少。

（1）提问：两个小伙伴比一比，谁的鱼多？多几条？

数学活动设计中，教师的教学用语务必谨慎，文中这样表述不规范。

（2）小结：原来10比9多1，9比10少1。

小结应先具体再抽象。原文这样处理会增加幼儿学习难度，影响学习效果。

3. 通过“比小鱼”游戏，引导幼儿通过添上、去掉的方法使小鱼变得一样多，进一步感知9添上1是10，10去掉1是9，并大胆地在同伴面前表述自己的想法。

（1）提问：怎么把你们的小鱼变得一样多？请你们回到位子上摆一摆，比一比。

（2）请一组幼儿上台验证他们的结果，展示在展示板上。

（3）小结：我们可以通过添上1条鱼或者去掉1条鱼的方法让鱼的数量变得一样多。

三、分组游戏“装小鱼”，体验游戏乐趣。

1. 介绍游戏玩法。

引导语：这些盘子上有一些圆点和数字，需要小朋友们根据上面的要求包装小鱼。

2. 幼儿操作，教师巡回指导。

引导语：每个小朋友可以选择你自己喜欢的内容进行“装小鱼”游戏，包装完成的小朋友可以与同伴互相检查。

3. 展示幼儿包装后的作品，引导幼儿在同伴面前表述自己的结果。

引导语：你包装对了吗？你是按什么方法来包装的？

4. 结束语：在户外融合游戏中的“鱼品加工厂”里，我们要检查自己包装的鱼是不是符合要求。

四、活动自然结束。

活动延伸

把“小鱼”送到户外游戏的“鱼品加工厂”中继续游戏。

（许琼华批注）

把小鱼变得一样多（修订后计划）

活动目标

1. 正确点数10以内的数，感知10以内两数之间多1和少1的关系。

2. 能大胆而比较连贯地在同伴面前表述自己的想法。

3. 能积极主动地参与游戏活动，体验数数的乐趣。

活动准备

1. 经验准备：(1) 幼儿已会辨认1～10的数字。(2) 幼儿有户外融合游戏的经验。

2. 物质准备：1～10的数字卡，游戏音乐，小鱼、大鱼（玩具或图片）若干（布置在渔网中），篮子、盘子若干，包装错误的小鱼（玩具或图片）若干份。

活动过程

一、创设“海洋”情境，激发幼儿兴趣。

播放音乐，让幼儿跟着音乐做抓鱼的动作。

二、“抓小鱼”游戏，正确点数9和10的数量。

1. 引导幼儿结对“抓小鱼”，手口一致地点数数量为9或10的鱼，并放在对应数字的篮子里。

2. 引导抓完小鱼的幼儿回到位子上，两两相互检查，说说自己篮子里小鱼的数量。

三、“比小鱼”游戏，感知9和10两数之间的关系。

1. 比比谁的小鱼多。

(1) 提问：两个小伙伴比一比，谁的鱼多？多几条？谁的鱼少？少几条？

(2) 引导幼儿数数并表述比较结果。

(3) 小结：10条小鱼比9条小鱼多1条，9条小鱼比10条小鱼小1条。10比9多1，9比10少1。

2. 把小鱼变一样多。

(1) 提问：怎么把你们的小鱼变得一样多？请你们回到位子上摆一摆，比一比。

(2) 引导幼儿通过添上1、去掉1的方法使小鱼变得一样多，并大胆地在同伴面前表达自己的想法。

(3) 请一组幼儿上台验证他们的结果，展示在展示板上。

(4) 小结：9添上1是10，10去掉1是9，通过添上1或者去掉1的方法可以使小鱼变得一样多。

四、“装小鱼”游戏，感知10以内两数之间多1和少1的关系。

1. 介绍游戏玩法。

(1) 玩法1：这些盘子上有一些圆点和数字，需要小朋友们根据上面的要求包装小鱼。

(2) 玩法2：有些小鱼包装错了，请小朋友仔细看包装上的数字，数一数里面的小鱼是多了还是少了，再想办法让小鱼数量和包装上的数字一致。

2. 幼儿操作，教师观察指导。

引导幼儿选择自己喜欢的内容进行“装小鱼”游戏，包装完成的幼儿可以与同伴互相检查。

3. 展示幼儿包装后的作品，引导幼儿在同伴面前表述自己的结果。

引导语：你包装对了吗？你是按什么方法来包装的？

4. 结束语：在户外融合游戏中的“鱼品加工厂”里，我们要检查自己包装的鱼是不是符合要求。

五、活动在教师的结束语中自然结束。

活动延伸

把“小鱼”送到户外融合游戏的“鱼品加工厂”中继续游戏。

认识球体（大班·数学）

设计意图

很多大班幼儿平时会参加踢足球、打篮球、夹球跑等球类活动，但对于“球体”这个概念还是模糊不清。数学活动比较抽象，而幼儿以具体形象思维为主，所以我这次活动主要以“圆圆的世界”为背景，展示各种各样不同的球体和圆形，让幼儿观察并做记录，交流分享自己在观察中的感受和发现，达到认识球体、区分球体和圆形的目的，让幼儿在比较轻松的环境下发散思维，进行学习，一起发现生活中的数学，体验学习数学的乐趣。

设计意图对于为什么设计这一活动、如何设计这一活动的阐述不清晰。

活动目标

1. 初步认识球体的主要特征。

2. 能用清楚的语言表达球体和圆形的异同。

3. 能对球体产生探索的兴趣。

大班幼儿已具有较丰富的生活经验，加上本次集中学习活动的开展，只要活动开展有效，基本完成“认识球体的主要特征”是没问题的，因此目标 1 表述不需要用“初步”。目标 2 存在的问题：一是本活动的主要目标不是了解球体与圆形的异同，而是在自主探索、对比观察的基础上认识球体。二是对于大班幼儿，语言表达方面的要求是“用较清晰、完整的语言表述一件事情”。因此，建议改为：“继续学习使用记录表，能用较清晰、完整的语言大胆表达自己对球体的探索发现。”

活动准备

1. 经验准备：幼儿已经在之前的课中打过篮球、踢过足球。

2. 物质准备：弹珠、乒乓球、小皮球、篮球、足球、硬币、圆卡片、呼啦圈、瓶盖、杯子、圆形篮子若干，笔和记录表若干，有标志的篮子若干。

活动过程

一、以“圆圆的世界”引入，为下面的内容做铺垫。

1. 导入语：小朋友们，老师今天要带大家进入一个“圆圆的世界”。我们先一起来认识一下“圆圆的世界”的成员吧。（和小朋友一起说出弹珠、乒乓球、小皮球、篮球、足球、硬币、圆卡片、圆饼干、呼啦圈等。）

2. 提问：现在，请小朋友来说一说，你认识的这些“圆圆”有什么特点。

3. 小结：“圆圆的世界”里的东西都是圆形的，没有角，可以滚动。

二、小小观察员，发现球体的主要特征。

1. 引导语：接下来啊，老师要请我们班每一个小朋友做观察员。现在老师手上有记录表，等一下会给小朋友们一人一张。我们看一下记录表上有什么。（和准备的材料一样。）现在我们小朋友们一起到“圆圆的世界”里去观察一下，和这些“圆圆”玩一玩，可以滚一滚这些“圆圆”。如果能够滚动很久还不会倒，我们就用自己喜欢的符号在下面做一个标记，比如“√”；如果滚一会儿就倒了，我们可以用不同的标记做记号，比如“×”。我看看谁能做好小观察员。

从这里可以看出教师对“球体”这一概念并不清楚。数学是严谨的，虽然学前阶段幼儿难以掌握科学概念，处于前科学概念水平，但如果教师用“滚动很久还不会倒”“滚一会儿就倒了”来引导幼儿操作，将会误导幼儿的探索与学习。球体的前科学概念是：

2. 在观察记录前教师要和幼儿提两个要求。

(1) 提出要求：①和“圆圆”玩的时候要轻轻地，要爱护“圆圆”。②要根据要求把记录表填写清楚。

(2) 引导语：好了，小朋友知道了吗？那现在请小朋友们轻轻地把椅子搬到桌子旁边开始观察吧。

3. 幼儿观察，教师帮助并引导他们把观察的结果记录下来。

4. 观察结束，集中交流。

(1) 提问：请小朋友坐好，老师现在想请几个小朋友来和大家分享一下。你玩的是什么？有什么发现？

(2) 小结：所以啊，我们把可以滚动但是会倒的叫作圆形，把可以滚动但是不会倒的叫作球体。我们一起来叫一下这个新朋友的名字吧：球体。

三、找“家”游戏，增加不同的“圆圆”物品，让幼儿区分清楚圆形和球体，结束活动。

引导语：小朋友们都知道了圆形和球体是不一样的，现在请我们的小朋友们帮助老师把这些东西放进篮子里，帮它们找到“家”，圆形放到这个篮子里，球体放到那个篮子里。

活动延伸

1. 请家长引导幼儿回家后继续

球体从各个方向看都是圆的，可以从各个方向来回自如滚动，不会倒下。

环节三通过玩“找‘家’”的游戏引导幼儿进一步认识球体是不错的设计，建议在该环节的操作材料提供上，多增加一些圆形和球体，以及圆柱体物品。这样的材料提供的主要意图是：第一，引导幼儿通过对比观察圆形、球体、圆柱体，进一步认识球体；第二，一个活动的开展，不是仅追求在活动中解决问题，而是向幼儿抛出新的问题，引发幼儿继续探索“这个既不是圆形，也不是球体的物品到底是什么呢”。另外，数学教育既源于生活，也要服务于生活，活动的开展应密切联系生活。因此，建议增加一个环节，探索球体。

2. 在科学区增添球体和圆形等物品。

引导幼儿说一说生活中的球体物品，感知球体在生活中的用处。

(曹桂莲批注)

认识球体（修订后计划）

设计意图

大班幼儿在平时生活中经常接触各种各样的球，“为什么篮球、皮球、足球、乒乓球都是圆圆的、鼓鼓的”这样的问题会浮现在他们脑海里，可见，他们对“球体”的认识是模糊不清的，因此有必要帮助幼儿在梳理生活经验的基础上认识球体。数学是比较抽象的科学，而幼儿以具体形象思维为主，所以本次活动以设问导入，引导幼儿先思考“为什么平时玩的篮球、皮球、足球、乒乓球都是圆圆的、鼓鼓的”，然后为幼儿提供生活中常见的各式各样的圆圆的物品，创设“圆圆的世界”情境，希望幼儿通过自主探索、对比观察的方式了解球体。《指南》提出，幼儿科学教育要着力发展幼儿的探究能力，要注意引导大班幼儿学习利用数字、图画、图表等进行记录。本次活动试图发展幼儿该方面的能力。

活动目标

1. 认识球体的主要特征，对探索球体活动感兴趣。

2. 继续学习使用记录表，能用较清晰、完整的语言大胆表达自己对球体的探索发现。

活动准备

1. 经验准备：活动开展前，请家长引导幼儿观察生活中有哪些东西是像篮球一样圆圆的、鼓鼓的，并拍照保存。

2. 物质准备：弹珠、足球、乒乓球、海洋球、木珠、呼啦圈、圆镜子、光盘、硬币、圆形桌垫等若干份，生活中圆形、球体、非圆形物品若干，圆柱体塑料杯、透明胶若干个，笔和记录表人手一份，大张记录表一份，有关生活中的球体的课件或图片。

活动过程

一、问题讨论导入，引发探究的兴趣。

1. 向幼儿抛出生活中的问题。

引导语：有个小朋友问我“为什么平时玩的篮球、皮球、足球、乒乓球都是圆圆的、鼓鼓的”，现在老师想把这个问题抛给你们，为什么我们平时玩的篮球、皮球、足球、乒乓球都是圆圆的、鼓鼓的，不是扁扁的、正方形的或长方形的呢？

2. 组织幼儿分享各自对问题的思考。

二、自主探索，初步感知球体的特征。

1. 创设情境，组织幼儿给物品分类。

(1) 引导语：我们班的废旧物品收集筐里又有很多东西了，老师想请小朋友们给这些物品分类。待会儿请你们把这些材料滚一滚，可以滚动的放在红色筐里，不能滚动的放在蓝色筐里。

(2) 引导幼儿自主小结：圆圆的物品可以滚动，其他形状的物品不能滚动。

2. 介绍玩法，并讲解记录方法。

引导语：接下来，老师想请小朋友到“圆圆的世界”里去玩一玩、滚一滚这些圆圆的东西，看看哪些圆圆的东西可以从各个方向来回滚动，不会倒下，哪些圆圆的东西不可以从各个方向来回滚动，滚着滚着就倒下了。老师手上有一张记录表，请小朋友们把记录表上的物品都玩一玩、滚一滚。如果所玩物品可以从各个方向来回滚动，不会倒下，就用自己喜欢的符号做记录；如果不可以从各个方向来回滚动，而且滚着滚着会倒下，就用另外一种符号做记录。

3. 提出操作要求。

引导语：在玩之前，老师要提三个要求，小朋友们听好了。第一，一定要把记录表上的每一种物品都记录清楚。第二，滚的时候要注意不影响旁边的小朋友。第三，等一下老师请你们回到座位的时候要把东西都放回原位，并把记录表带回来。

4. 组织幼儿边探索边记录，教师巡回观察与指导。

5. 组织幼儿结合记录表分享自己的发现。

引导语：请小朋友坐到自己的位子上。现在老师想请几个小朋友来分享一下，你发现哪些物品可以从各个方向来回滚动，不会倒下；哪些物品不能从各个方向来回滚动，滚着滚着会倒。

6. 引导幼儿梳理、总结球体与圆形的区别，初步了解球体。

师幼共同小结：正面看是圆形，侧面看是扁扁的，可以滚动，但滚着滚着会倒的是圆形；不管从哪个方向看都是圆的，可以从各个方向来回滚动，不会倒的是球体。

三、物体分类，进一步感知球体的特征。

1. 增加多种球体、圆形物品和大透明胶等圆柱体物品，组织幼儿分类。

引导语：老师这里有两个篮子，想请小朋友给这些物品分类。如果是球体就放在红色大筐里，如果是圆形就放在蓝色大筐里。

2. 梳理与总结，发现新问题。

(1) 引导语：小朋友们真棒，都给球体和圆形找到了自己的家。

(2) 引导语：老师发现有两个圆圆小伙伴和它们长得不一样，你们知道是谁吗？(透明胶、圆柱体塑料杯。) 它们是不是圆形呀？是不是球体呢？

3. 引导幼儿活动后继续探索。

引导语：请小朋友在今天的活动结束后，找一找生活中还有哪些像透明胶这种形状的物品，请你把它们收集起来，或者拍照保存，并想一想它们的名字叫什么。

四、说一说生活中的球体物品，感知球体在生活中的用处。

1. 再次回顾导入时讨论的问题。

提问：为什么我们平时玩的篮球、皮球、足球、乒乓球都要做成球体？如果这些东西不是球体，我们玩的时候会怎么样？

2. 师幼交流，说一说生活中还有哪些东西是球体。

3. 展示课件或图片，介绍生活中的球体及其作用。

五、以引导幼儿在生活中继续寻找球体的方式结束活动。

活动延伸

1. 请幼儿回家和家长一起寻找生活中的球体物品，了解其作用。

2. 在科学区增添球体、圆形、圆柱体、椭圆球体等物品，继续引导幼儿探究材料，发现不同物体的运动轨迹。

生活中的数字（大班·数学）

活动目标

1. 寻找生活中的数字，初步理解数字在不同物品中所表示的含义。

2. 感知数字在生活中的应用，知道生活离不开数字。

3. 体验数字游戏的乐趣。

目标2、目标3表述过于笼统，不够具体明确。建议改为："1. 认识生活中常见的数字标记及其在生活中的应用，初步理解数字在不同地方有不同的意义。2. 初步尝试运用数字解决生活中的简单问题。3. 在探索中体验发现生活中各种各样数字的乐趣。"

活动准备

1. 经验准备：活动前请家长与幼儿一起寻找生活中有数字的物品，初步了解这些数字所代表的含义。

2. 物质准备：（1）幼儿和与家长一起收集的有关数字的物品，如日历、时钟、计算器、温度计、尺子、鞋子、食品袋等。（2）带有数字的物品的照片、幻灯片。（3）写有数字的纸条若干，"中奖"贴纸若干。

活动过程

一、介绍自己带来的物品，发现生活中的数字。

环节一存在的问题：一是标题表述不够清晰，建议改为："一、寻找身边的数字，初步感受生活中的数字。"二是该环节下的各小点表述思路有待清晰，建议分小步骤撰写。

1. 引导语：前几天，大家都从家里带来了一件上面有数字的物品，我们一起来说一说，你的物品是什么，上面的数字有什么用。

2. 引导语：小朋友说得都很好，老师也带来了一件东西，看看是什么。（书。）书上哪里有数字？这个数字叫作页码，它有什么用？

3. 引导语：小朋友说得很棒，我们可以收集到这么多上面有数字的物品，看来生活中有数字的物品真多！那么除了这些物品，你还在什么地方见过数字？

二、观看图片，了解生活中数字的重要性。

1. 引导语：有了这些数字可真方便，老师前几天和你们一样也找了许多数字，我还把它们拍下来了，现在让我们一起来看一看，说一说哪些地方有数字。

出示幻灯片一（马路上不超过40千米/小时的标志、红绿灯、公交车站牌、门牌号）。

2. 引导语：这张图片上，你们看见了什么？

3. 引导语：你们知道这个门牌号码是哪儿吗？（幼儿园。）

出示幻灯片二（汽车仪表盘、广告牌）。

4. 引导语：这张图片上哪里有数字？

5. 引导语：广告牌上写着“有困难找民警”，电话号码是多少？（110。）

出示幻灯片三（超市里：超市指路牌，标价牌190元、160元，收银台价格牌）。

6. 引导语：超市里也有许多数字，我们一起来找找，说说你看到了什么。

从环节二的设计思路来看，教师依此组织活动，其作用仅是帮助幼儿了解数字在生活中无处不在，难以支持幼儿了解生活中数字的重要性。

三、了解数字与人们生活的关系。

引导语：小朋友刚才看了那么多生活中的数字，也都知道它们的作用，数字在我们生活中是很重要的，那如果没有数字会发生什么事呢？

环节三建议与环节二整合。

四、玩抽奖游戏，体验数字的有趣。

1. 引导语：如果没有数字，我们的生活会很不方便。生活当中数字不仅很重要，还很有趣呢！它会和我们玩游戏，你们想玩吗？我这里有许多纸条，每人拿一张，待会儿我们要和数字玩游戏呢！拿到纸条的小朋友可以轻轻打开并看看，轻声地读读上面的内容。（纸条上有5、8、4、7、2五个数字。）

2. 请幼儿按从大到小的顺序给数字排排队。

3. 排列数字，玩抽奖游戏。

环节四的设计无法较好地衔接前面的活动，与本次活动欲达成的目标不吻合。建议改为引导幼儿运用数字解决生活中的小问题，体验数字的重要和有趣，体会数字与生活的密切联系。

引导语：每个小朋友的纸条上都有这五个数字，现在我要用这五个数字编成一个号码，如果你的数字和我一样，就中奖了，可以在纸条上贴上一张“中奖”的贴纸。

(1) 以 8 开头排列数字，产生第一个号码(87452)。

引导语：谁和我的数字是一样的？看看你们的纸上有没有 87452，中奖的小朋友请举手。

(2) 以 5 开头排列数字，产生第二个号码(58247)。

引导语：我编出的号码是多少？(58247。) 谁中奖了？

(3) 以 2 开头排列数字，产生第三个号码(24587)。

引导语：这次的号码是多少？(24587。) 谁又中奖了？

活动延伸

家长可以带幼儿一起购物，引导幼儿发现数字及其作用，如在购买食品时，寻找生产日期、保质期、重量、标价等。

(曹桂莲批注)

生活中的数字 (修订后计划)

活动目标

1. 认识生活中常见的数字标记及其在生活中的应用，初步理解数字在不同地方有不同的意义。

2. 初步尝试运用数字解决生活中的简单问题，在探索中体验发现生活中各种各样数字的乐趣。

活动准备

1. 经验准备：活动前请家长与幼儿一起寻找生活中有数字的物品，初步了解这些数字所代表的含义。

2. 物质准备：(1) 幼儿与家长一起收集的有关数字的物品，如日历、时钟、计算器、温度计、尺子、鞋子、食品袋等。(2) 书，带有数字的物品的照片、幻灯片。(3) 椅子若干（排成几排），幼儿自制的电影票模板人手一份。

活动过程

一、寻找身边的数字，初步感受生活中的数字。

引导语：小朋友们，生活中数字无处不在，我们一起来找找我们班级中的数字吧。(时钟上有数字；我们喝水的杯子上有数字，我们的抽屉上也有数字，是我们的号数。)

二、观察各种物品上的数字，初步了解数字在生活中的运用。

1. 引导语：小朋友们眼睛真亮，观察力不错。前几天，大家从家里带来了一件上面有数字的物品，我们一起来说一说你带来的物品是什么，上面有什么数字，这些数字有什么用。

2. 引导语：小朋友说得都很好，老师也带来了一件东西，看看是什么。(书。) 书上哪里有数字？这个数字叫作页码，它有什么用？

3. 师幼共同小结：这些物品都有数字，数字在不同的物品上代表不同的含义。

三、进一步了解数字在生活中的应用，初步理解数字在不同地方有不同的意义。

1. 引导语：有了这些数字可真方便，老师前几天和你们一样也找了许多数字，我还把它们拍下来了，现在让我们一起来看一看，说一说哪些地方有数字，这些数字代表什么意思。

2. 出示幻灯片一（马路上不超过 40 千米/小时的标志、红绿灯、公交车站牌、门牌号）。

引导语：这张图片上，你们看见了哪些数字？这些数字代表什么意思？

3. 出示幻灯片二（电话、时钟）。

4. 出示幻灯片三（超市里：电梯楼，标价牌 190 元、160 元，钱）。

5. 师幼共同小结：这些物品都有数字，数字在不同的物品上代表不同的含义。

四、聆听小猫的故事，理解数字在生活中的重要性。

1. 引导语：小朋友刚才看了那么多生活中的数字，也都知道它们的作用，数字在我们生活中是很重要的，那如果没有数字会发生什么事呢？我们就来听一个没有数字生活的小猫的故事。

2. 提问：没有了数字，小猫的生活怎么样？（早上起来不知道几点了；去商场买东西，不知道走到了几楼；买东西不知道多少钱，拿钱也不知道拿哪张；回家不知道坐哪辆车回家，回到家也不知道自己家的门牌号；要打电话，也打不了，没有数字。）

3. 师幼共同小结：没有数字，小猫一件事也没有做好，所以生活中的数字对我们十分重要，没有它，我们什么事情都做不好，很不方便。

五、帮助粗心的小猪，初步尝试运用数字解决生活中的问题。

1. 讲述故事，创设情境。

（1）故事大意：小猪想请森林里的小伙伴看场露天电影，森林的小动物们接到小猪的邀请后都高高兴兴地来了。可是，一排排的椅子都没有编号，小动物们拿到电影票后找不到自己的位子。顿时，场上一片混乱，急得小猪直冒汗。

（2）引导语：这边就是小猪请小伙伴看电影摆放的一排排的椅子，请你们帮助小猪给椅子编号，等会老师也请你们看电影。

2. 组织幼儿讨论问题，引导他们分工合作，给椅子编号。

3. “售票员”为电影票填上数字，向“观众”售票。

4. 组织幼儿玩“看电影”游戏。

六、活动在游戏中自然结束。

活动延伸

1. 家庭亲子活动：请家长引导幼儿继续关注生活中的数字，引导幼儿继续发现数字及其作用，如在购买食品时，寻找生产日期、保质期、重量、标价等。

2. 集中教育活动：开展“生活中的数字（二）”活动，引导幼儿认识生活中特殊的数字。

猴子爬树（小班·音乐）

设计意图

猴子活泼的动作形态是幼儿平时感兴趣的，其动作易于幼儿模仿。本次韵律活动充分结合《指南》里3～4岁幼儿的目标“能用声音、动作、姿态模拟自然界的事物和生活情景”，采用儿歌表现、情境表演等形式，重点指导幼儿伴随音乐进行有节奏的身体活动。同时，《猴子爬树》这段音乐轻松、活泼，节奏感突出，易于表现动作，符合小班幼儿的理解水平，有利于幼儿充分地感受和体验音乐的趣味性，激发幼儿对音乐活动的兴趣，引导幼儿随音乐做出相应的动作。

表述的逻辑不够清晰，建议先分析活动素材《猴子爬树》的音乐特点，再简要说明活动如何根据幼儿的发展特点进行设计，以及活动的主要目的和效果。

活动目标

1. 感知音乐的上行和下行，初步知道上行音和下行音的区别。

2. 能有节奏地做动作，表现“猴子爬上树和滑下树”的情景。

3. 体验和同伴随乐做动作的快乐。

活动准备

1. 经验准备：（1）幼儿已经了解猴子的外形特征和动作特点。（2）幼儿在数学课中已感知上、下方位。（3）幼儿对音乐高低的变化已有初步的感知。（4）幼儿能简单模仿猴子的动作。

2. 物质准备：不织布做成的大树、小猴子的头饰、音乐《猴子爬树》、播放器。

活动过程

一、模仿动作引入，激发幼儿兴趣。

1. 引导语：小朋友们，你们喜欢小猴子吗？谁能来模仿一下小猴子的动作？

从现有活动设计来看，教师是想引导幼儿模仿小猴子的一些典型动作，为后续

2. 小结：小朋友们真厉害，有往远处看、挠耳朵、爬树等好看的动作，今天老师就来扮演猴子姐姐，带小朋友们一起去森林里走走。

活动做准备。因为小班幼儿的相关生活经验不够丰富，再者，没有一个当下的信息刺激，很难引导小班幼儿回忆小猴子的动作特点。因此，这一环节如果能组织幼儿观看一些实景图片或简短视频，更有利于幼儿回顾小猴子的典型动作并模仿。

二、教师示范动作，引导幼儿有节奏地模仿。

1. 引导语：森林到了。哇！前面出现了一棵大树，我们一起来爬一爬。

2. 提问：哪个小朋友能来做一做小猴子爬到树顶后的动作？

3. 小结：小朋友们很棒，我们念着儿歌一下一下地往上爬，爬到树顶，然后咕噜咕噜地从树上滑下来。爬得好累，我们一起来听一段音乐放松放松吧！

环节二的设计不够有趣，也难以有效激发幼儿用肢体动作表现音乐的欲望。因此，建议教师在学习用动作表现音乐的环节之前，创编一个有趣的、简短的、与音乐特点相吻合的故事，用故事帮助幼儿理解音乐，激发其表现的欲望。故事讲述要简洁，一般情况下需要 1 分钟之内讲完，互动式的讲解也尽量不超过 2 分钟。

三、幼儿倾听音乐，感受音乐进行时上行、下行及平行的旋律。

1. 教师在听音乐的过程中结合教具进行演示，引导幼儿边听音乐，边根据树上的标志感受上行音和下行音。

2. 引导语：让我们一起仔细听一听音乐里的这只小猴子什么时候在爬树，什么时候从树上滑下来。

3. 提问：谁来说一说音乐里的小猴子什么时候在爬树，什么时候从树上滑下来？你是怎样听出来的？

4. 小结：小朋友的小耳朵听得真仔细，听到

建议环节三、四整合在一起，这样更为紧凑。具体流程如下：完整欣赏音乐后组织幼儿讨论，感受音乐进行时上行、下行及平行的旋律，并鼓励幼儿用简单的动作表现音乐。

音乐越来越高时就知道小猴子在爬树，音乐往下走的时候就知道小猴子从树上滑下来了。

四、完整欣赏音乐，鼓励幼儿进入情境随乐做动作。

1. 引导语：现在请小朋友来扮演猴子宝宝，让我们和音乐里的那只小猴子一起来玩爬树游戏吧！

2. 采用情境表演的形式，教师带动幼儿一起随乐做动作，重点指导幼儿大胆地在情境中随乐而动。

3. 小结：小朋友们扮演的猴子宝宝真棒！要是能跟着音乐一下一下地把动作做出来，我想小猴子的动作一定会非常好看！

五、幼儿创编动作，跟着音乐有节奏地随乐而动。

1. 引导语：现在请小朋友们跟着音乐用自己喜欢的其他动作来表演爬上树和滑下树。做动作时要跟着音乐的快慢一下一下地把动作做漂亮。

2. 小结：猴子宝宝们真厉害，不仅跟着音乐一下一下地做出不一样的动作，还能听清楚什么时候在爬树、什么时候要下树了。

六、自然结束。

引导语：现在让我们一起做着小猴子的动作去森林的其他地方玩爬树游戏吧！

对于小班幼儿而言，创编动作是比较难的，如果两个动作同时创编难度就更大。因此，建议教师引导幼儿分段欣赏音乐后，一个动作、一个动作地创编。小班幼儿一般可以局部更换或整体更换新动作，具体视幼儿的能力而定。

(曹桂莲批注)

猴子爬树（修订后计划）

设计意图

近来，伴随有关动物主题活动的开展，我班幼儿对猴子的活泼可爱非常感兴趣，并有积极、主动模仿的强烈欲望。《指南》3～4 岁幼儿的目标“能用声音、动作、姿态模拟自然界的事物和生活情景”，要求幼儿园教育要给予幼儿相应的支持，满足其发展需要。《猴子爬树》这段音乐轻松、活泼，节奏感突出，易于幼儿用动作进行表现，符合小班幼儿的发展水平，有利于幼儿充分地感受和体验音乐的趣味性。本次韵律活动采用“回顾经验→故事理解→音乐感知→自由创作→情境表演”的过程，让幼儿在视频观赏、故事理解、音乐渗透、自由创作、情境表演中，逐步感知音乐的情绪、节奏和结构，尝试用有节奏的肢体动作来表达对音乐的感知和理解，体验韵律活动的乐趣。

活动目标

1. 感知音乐的上行和下行，初步了解上行音和下行音的区别。

2. 能有节奏地用动作表现“猴子爬上树和滑下树”的情景。

3. 体验参与集体韵律活动与创编活动的乐趣。

活动准备

1. 经验准备：(1) 幼儿已经了解猴子的外形特征和动作特点。(2) 幼儿在数学活动中已感知上、下方位。(3) 幼儿对音乐高低的变化已有初步的感知。(4) 幼儿能简单模仿猴子的动作。

2. 物质准备：猴子爬树的简短视频、音乐《猴子爬树》、播放器、小猴手偶及指偶、不织布做的大树。

活动过程

一、观看视频，激发模仿猴子动作的兴趣。

1. 看猴子爬树的简短视频。

2. 组织幼儿模仿猴子的典型动作。

提问：①小猴子在做些什么动作？②你还知道小猴子有哪些其他的动作吗？(组织幼儿模仿、学习动作。)

二、聆听故事，初步有节奏地模仿猴子的动作。

1. 讲述故事。

故事大意：有只小猴子，他在森林玩耍时迷路了，于是他爬上一棵高高的树，在树上左看看、右看看，哦，找到了方向，于是他迅速滑下树，继续往前走。走着走着，他看见一棵香蕉树，于是他又爬上高高的香蕉树，在树上大口大口吃香蕉，哦，吃得饱饱的，于是他迅速滑下树……最后，他终于在天黑之前回家了，赶上了猴妈妈做的美味晚餐。(故事可以用不同方式创编，主要是把握音乐“上行—平行—下行”的旋律特点以及音乐的节奏。)

2. 师幼共同设计猴子爬上树、在树上、滑下树的动作，然后组织幼儿有节奏地模仿练习。

三、完整欣赏，尝试用动作表现音乐。

1. 组织幼儿完整欣赏音乐并提问。

提问：小朋友们觉得音乐中的小猴子什么时候在爬树，什么时候在树上，什么时候下树？

2. 再次播放音乐，教师操作小猴手偶在不织布大树上演示。

3. 完整欣赏音乐，组织幼儿初步尝试用动作表现音乐。

四、分段欣赏，设计、替换动作。

1. 欣赏音乐第一段，启发幼儿想象并用新动作表现音乐。

提问：这段音乐，小猴子在干什么？小猴子除了用刚刚我们学的动作爬树，他还有可能用什么好看的动作爬树？（幼儿想出新动作后，全体幼儿一起学习。）

2. 欣赏音乐第二段，提醒幼儿想象并用新动作表现音乐。

提问：这段音乐，小猴子在干什么？小猴子除了在树上左看看、右看看，他还有可能在树上干什么？（幼儿想出新动作后，全体幼儿一起学习。）

3. 欣赏音乐第三段，要求幼儿想象并用新动作表现音乐。

提问：这段音乐，小猴子在干什么？小猴子除了用刚刚我们学的动作滑下树，他还有可能用什么帅气的动作滑下树？（幼儿想出新动作后，全体幼儿一起学习。）

五、情境表演，自主用动作表现音乐的旋律和情感。

引导语：小朋友们真能干，为小猴子想出了这么多有趣、帅气的动作！现在，请你们跟着音乐用与其他小朋友不同的动作表现这只可爱的小猴子吧。

六、操作指偶，随乐表演，结束活动。

1. 教师邀请一名幼儿与自己互当大树，各自操作指偶随乐表演猴子爬树。

引导语：现在，老师要邀请小小猴子（指偶）出来和我们一起游戏了，哪个小朋友愿意来试试看？怎样和这个小小猴子玩爬树的游戏呢？

2. 幼儿两两合作，各自操作指偶，随乐表演猴子爬树。

3. 以“带着小小猴子一起去外面玩爬树游戏”结束活动。

活动延伸

区域活动：师幼共同准备一些道具和服饰，引导幼儿在音乐表演区继续创造性地表演《猴子爬树》。

郊游真快乐（大班·音乐）

活动目标

1. 通过图谱和动作，感受ABACABACABA回旋曲曲式结构。

2. 在郊游情境中体验乐曲欢快的情绪特点。

3. 感受随音乐变换动作，与同伴共同游戏的乐趣。

目标1的前半句表述的是活动措施，体现在活动过程中，不必出现在活动目标里；后半句中的曲式结构不是本音乐活动的核心价值。目标2中的所谓“郊游情境”应该是指音乐情境，这也属于活动实施的具体措施，非活动目标，可以直接删去。本活动目标建议改为：“1. 感受回旋曲的风格，体验乐曲欢快的情绪。2. 能根据音乐变换动作，自由表达对音乐的理解。”

活动准备

物质准备：音乐、图谱（含路线图和郊游图片）、圆点标志。

本活动根据郊游的情节来设计每一段音乐的动作，幼儿参与该活动之前应要有郊游的经验，因而在活动准备上应有在活动之前请家长在周末带幼儿去郊游的要求。

活动过程

一、导入活动。

引导语：请小朋友和我一起玩拍手、拍腿的节奏游戏。

具体是怎样导入的？导入的主要目的是什么？应做明确交代。建议改为：“一、简短谈话，唤醒经验。1. 引导语：小朋友外出游玩时都做些什么事情？2. 小结：小朋友们说了这么多，原来郊游时我们可以做很多事情。”

二、倾听音乐。

1. 完整地倾听音乐。

(1) 引导语：今天的郊游很特别，是跟着音乐去郊游，来仔细听一听。(完整播放一遍音乐。)

(2) 引导语：请跟着音乐把想到的动作做出来。

2. 观察路线图。

(1) 引导语：你们在路线图上看到了什么？它有什么用呢？

(2) 小结：我们从小房子出发，沿着刚才小朋友告诉我的路线，又回到小房子。

3. 观察郊游图片。

引导语：郊游时我们做了什么呢？(出示郊游图片。)

三、出示图谱。

1. 观察郊游图片。

(1) 引导语：刚才小朋友们做了很多动作，我们一起来看看郊游时还会做些什么事情。

(2) 小结：我们在郊游时会遇到很多情况要跳起来或绕过去；有时候我们走在路上；有时候我们会坐下来休息，玩一玩游戏。

2. 观察路线图。

(1) 引导语：请小朋友看看路线图上有什么，它有什么用。

(2) 小结：从小房子出发，沿着刚才小朋友告诉我们的路线，又会回到小房子。

3. 完善图谱。

引导语：这张路线图还没画完，刚才我们说了在郊游过程中还会做很多事情。接下来请你们仔细听音乐，你觉得这段音乐中可能在做什么，就把相应的小图片找出来放到路线图上去。

环节二逻辑混乱，第 2、3 小环节与环节三的第 1、2 小环节重复。建议改为：“二、完整倾听，初步感受音乐。”再细分为两个小环节：1. 完整倾听音乐。2. 自由表现音乐。

各环节的表述句式应尽量统一，建议改为：“三、借助图谱，感受乐曲的欢快情绪。”

4. 检查图谱。

边倾听边检查图谱与乐曲是否匹配。

引导语：路线图贴完了，我们用音乐和动作来检查一下。

四、游戏，自由表现乐曲。

1. 第一遍：教师与幼儿一同跟着音乐游戏。

（游戏完除了表扬做得好的地方，还要指出哪些地方要如何改进，下同。）

2. 第二遍：提醒幼儿按音乐的变化变换动作。

3. 第三遍：幼儿自主游戏。

五、活动自然结束。

（杨凯红批注）

郊游真快乐（修订后计划）

活动目标

1. 感受回旋曲的风格，体验乐曲欢快的情绪。

2. 能根据音乐变换动作，自由表达对音乐的理解。

活动准备

1. 经验准备：活动之前请家长在周末带幼儿去郊游。

2. 物质准备：音乐、图谱（含路线图和郊游图片）、圆点标志。

活动过程

一、简短谈话，唤醒经验。

1. 引导语：小朋友外出游玩时都做些什么事情？

2. 小结：小朋友们说了这么多，原来郊游时我们可以做很多事情。

二、完整倾听，初步感受音乐。

1. 完整倾听音乐。

(1) 引导语：老师这里有一首音乐，讲的是关于郊游的故事，请小朋友仔细听一听，你觉得这段音乐是在说郊游的哪些事情？（完整播放一遍音乐。）

(2) 自由交流。

2. 自由表现音乐。

引导语：听音乐的时候你想到哪些郊游时做的事情？请跟着音乐把想到的动作做出来。

三、借助图谱，感受乐曲的欢快情绪。

1. 观察郊游图片。

(1) 引导语：刚才小朋友们做了很多动作，我们一起来看看郊游时还会做些什么事情。

(2) 小结：我们在郊游时会遇到很多情况要跳起来或绕过去；有时候我们走在路上；有时候我们会坐下来休息，玩一玩游戏。

2. 观察路线图。

(1) 引导语：请小朋友看看路线图上有什么，它有什么用。

(2) 小结：从小房子出发，沿着刚才小朋友告诉我们的路线，又会回到小房子。

3. 完善图谱。

引导语：这张路线图还没画完，刚才我们说了在郊游过程中还会做很多事情。接下来请你们仔细听音乐，你觉得这段音乐中可能在做什么，就把相应的小图片找出来放到路线图上去。

4. 检查图谱。

引导幼儿边倾听边检查图谱与乐曲是否匹配：路线图贴完了，我们用音乐和动作来检查一下。

四、自主游戏，自由表现乐曲。

1. 第一遍：教师与幼儿一同跟着音乐游戏。

(游戏完除了表扬做得好的地方，还要指出哪些地方要如何改进，下同。)

2. 第二遍：提醒幼儿按音乐的变化变换动作。

3. 第三遍：幼儿自主游戏。

五、活动自然结束。

好玩的大怪物（小班·美术）

活动目标

1. 尝试运用多种材料制作怪物面具。

2. 体验操作和玩面具的乐趣。

对小班幼儿提出目标1这样的要求，难度偏大了一些，“能运用多种材料制作”通常是大班幼儿的活动要求。目标2似乎适用于很多不同的活动，建议尽可能提出比较贴近本活动内容且能彰显本活动价值的活动目标。对于幼儿制作类活动，通常幼儿制作后会不由自主地将他们的作品先自我欣赏，再与同伴展示，有时还会跟同伴做解释性的交流。因而建议改为：“乐于向同伴展示并能简单地介绍自己所制作的面具。”

活动准备

1. 经验准备：幼儿已看过绘本《走开，绿色大怪物！》，并收集了怪物图片。

2. 物质准备：怪物面具若干，音乐《碰一碰》，各种形状的卡片、蜡光纸、皱纹纸、报纸，剪刀，毛根，胶水，记号笔等。

活动过程

本活动过程存在的主要问题：一是活动环节设计出现了将不同层级的环节置于同一层级处理的逻辑错误；二是存在对环节所要完成的具体任务交代不清楚的现象。

一、创设情境，参观“怪物森林”，激发幼儿兴趣。

建议整个活动各环节表述的行为主体统一以幼儿角度进行表述。环节一建议改为：“一、参观‘怪物森林’，欣赏各种怪物面具。”

引导语：我是绿色大怪物，我有个美丽的家——“怪物森林”，里面有许多奇怪的面具，你们随我来看看。走，我们出发了。

这应该是环节一的第1小环节，即：“1. 欣赏各种面具。”另外，教师既然扮演绿色大怪物，那么在整个活动过程中就应该保持角色的一致性，即要以怪物的口吻说话。

二、引导幼儿说一说怪物的五官特征。

这一环节应属于环节一参观后的交流分享环节，不宜与环节一并列。建议改为环节一的第2小环节，即：“2. 分享交流。”

引导语：在“怪物森林”里，你看到了什么神气的怪物？它长什

小班幼儿对理解“神气”一词估计会存在一定的困难，建议替换成小班幼儿较能理

么样子？

解的词语，如“有趣”“好玩”“好笑”等词。整句引导语建议改为：“在我的家里，你看到什么好玩的怪物？它长什么样子？”

三、提出活动要求。

1. 引导语：你们觉得这些怪物面具好好玩、好有趣，想不想自己做一个带回去玩？“怪物森林”要举行怪物舞会，邀请小朋友参加舞会，不过小朋友要打扮成小怪物才能参加。

2. 提出要求。

(1) 大胆运用桌上的材料做一个神气的怪物面具。

(2) 做完后把各种材料收拾好，放回去。

建议将原环节三、四整合为制作环节，在制作环节的下面安排两个小环节，即提出活动要求和幼儿尝试制作。

四、幼儿大胆尝试运用多种材料制作怪物面具。

五、游戏：参加怪物舞会。

引导语：舞会准备开始了，如果你的小怪物做好了，可以先请朋友们或客人老师们说说他们喜欢不喜欢你的小怪物，并向他们说说你的小怪物哪里做得最特别、最神气。

这一环节中明显存在交代不够清晰的现象。从环节内容表述中无法看出该环节所要承载的任务，即环节交代不详细、不具体。舞会是个怎样的舞会？另外，如果要用舞会的形式，要先让幼儿清楚什么是舞会，也就是幼儿要具备舞会的经验。此外，本活动设计还应交代结束方式。建议改为：“三、分享、展示自制面具。1. 互相展示自己的面具。2. 戴着面具玩游戏。四、活动在幼儿愉快的面具游戏中自然结束。”

（杨凯红批注）

好玩的大怪物（修订后计划）

活动目标

1. 喜欢各种面具，乐于运用剪贴、添画方式制作怪物面具。

2. 乐于向同伴展示并能简单地介绍自己所制作的面具。

活动准备

1. 经验准备：幼儿已看过绘本《走开，绿色大怪物!》，并收集了怪物图片。

2. 物质准备：怪物面具若干，音乐《碰一碰》，各种形状的卡片、蜡光纸、皱纹纸、报纸，剪刀，毛根，胶水，记号笔等。

3. 环境创设：用各种怪物面具创设“怪物森林”情境。

活动过程

一、参观“怪物森林”，欣赏各种怪物面具。

1. 欣赏各种面具。

引导语：我是绿色大怪物，我有个美丽的家——“怪物森林”，里面有许多奇怪的面具，你们随我来看看。走，我们出发了。

2. 分享交流。

引导语：在我的家里，你看到什么好玩的怪物？它长什么样子？

二、制作面具。

1. 引导语：你们觉得这些怪物面具好好玩、好有趣，想不想自己做一个带回去玩？“怪物森林”要举行怪物舞会，邀请小朋友参加舞会，不过小朋友要打扮成小怪物才能参加。

2. 提出要求。

(1) 大胆运用桌上的材料做一个好玩的怪物面具。

(2) 做完后把各种材料收拾好，放回去。

3. 鼓励幼儿大胆尝试，运用剪贴、添画方式制作怪物面具。

三、分享、展示自制面具。

1. 互相展示自己的面具。

引导语：如果你的怪物面具做好了，可以先请伙伴们看看他们喜欢不喜欢你的小怪物，并向他们说说你的怪物面具哪里做得最有趣、最好玩。

2. 戴着面具玩游戏。

四、活动在幼儿愉快的面具游戏中自然结束。

五彩的公路（小班·美术）

活动目标

1. 初步欣赏点线构造出的画面美。

2. 能运用玩具车滚印以及添画的方法，创作出简易的作品。

3. 体验车轮印画带来的乐趣和成就感。

活动准备

1. 经验准备：（1）幼儿已有初步的印画经验，学会基本的印画方法。（2）幼儿见过马路上车水马龙的景象。

2. 物质准备：图片（几座连绵的山、马路），全开黑色画纸若干，各种玩具汽车，各色颜料盘，各种不同大小的圆形盖子，画笔若干，湿抹布一组一块。

活动过程

一、提问导入，引起幼儿兴趣。

1. 引导语：瞧，老师手里拿的是什么玩具啊？（小汽车。）小汽车最喜欢旅行了，它去过高山，去过海边，在每个地方都留下了它的脚印。今天小汽车邀请我们跟着它一起去旅行，好吗？

2. 出示图片（几座连绵的山）。

引导语：小朋友们看，小汽车开到了哪儿？小汽车在山上开出了几条弯弯曲曲的曲线。（教师一边

对小班幼儿采用“提问导入”比较不适宜，其实就这个活动内容而言，采用去旅行的方式导入更能激发幼儿参与活动的兴趣。比如，在活动室的地板上画出弯弯曲曲的道路，在“路”旁放置一些道具代表山等情境，教师带领幼儿在情境中旅行，沿着弯弯曲曲的道路前进。这样既和后面的主题吻合，又生动有趣；同时让幼儿感受到了地面弯弯曲曲的曲线美。接着，再用小汽车呈现刚才情境中的路线，会让幼儿体验更深刻些。

讲，一边示范小汽车在山上开。）

3. 出示图片（马路），引导幼儿欣赏点、线构成的美丽作品，感受线条的变化。

引导语：现在小汽车又开到了哪儿？它在马路上留下了脚印，它开出了几条直线？小汽车是怎么开的？哪个小朋友愿意来试试看？（幼儿上台示范。）马路上还有什么呢？路灯是什么形状的？马路是什么样子的？这些线条是长的还是短的？漂亮吗？哪里漂亮？

（1）这里的重点问题不是问有几条直线，而是让幼儿感受这些线条是什么样的，尤其是感受直线与曲线的不同。教师可以询问是什么样的线条，让幼儿来回答，并引导幼儿一起把手当作小汽车，运用动作将线条表现出来。（2）幼儿上台示范后的问题问得有些凌乱。承接上面一个问题的应该是马路上汽车开出的线条是什么样的，再接着是马路上有哪些其他事物。

二、提出问题，师幼讨论。

引导语：老师想把小汽车开到马路上的脚印留下来。小朋友们，你们有什么好的办法吗？小朋友们说得非常好，今天老师也有一个好方法。你们看老师是怎么做的。

一般不在活动计划上直接写出“小朋友们说得非常好”，这样的评价语言太笼统。这一部分最好能让幼儿各抒己见，然后教师根据幼儿的回答将任务引导到今天的印画上来，以此将教师原本预设的方法转换为通过幼儿讨论而得来的方法，这样比教师直接对幼儿说“你们看老师是怎么做的”好很多。

三、教师描述情境，引出绘画内容，并讲解示范车轮印画的方式与点的添画。

如果这一环节能请个别积极主动的幼儿先尝试操作，会比教师直接示范操作更好。让幼儿先体验，发现操作中的问题，教师再根据他们的问题总结如何能更好地印出清楚、漂亮的车轮印。

1. 引导语：首先让车子在颜料盆里前后开开，使轮子滚上颜料，再把车子开到纸上，轮子的脚印看得更清楚、更漂亮了！注意开的时候不要倒车。

2. 引导语：大家想一想，我们还可以在马路边上添点什么东西？除了路灯还有什么？我们可以怎么来画？

3. 引导语：小汽车的脚印好不好看？它就像一幅漂亮的画，我们把这样的画叫车轮印画。今天我们就要用小汽车的轮子来画一条五彩的公路。

四、提出绘画要求。

1. 颜料蘸一点点就可以了，蘸完不可以甩，轻轻地印画在纸上。

2. 开小汽车的时候要注意安全，不能撞到别人的车，看见别人的车过来的时候可以让一让。

五、幼儿印画“五彩的马路”，教师巡回指导。

让幼儿感知涂鸦和加粗线条的方式，引导幼儿大胆表现色彩。根据情况指导幼儿添画短线、使用瓶盖印画等，让画面尽量饱满，并提醒幼儿注意保持清洁。

六、评价作品“我们的创作”。

引导语：我们一起来看看小朋友们创作的公路，你觉得哪组的公路最漂亮？为什么？老师觉得大家的公路都很漂亮。

活动延伸

引导幼儿在完成的作品中，用彩泥捏出小汽车放在“马路”上。

如果要添加瓶盖印画，可在作画前提出并说明，但建议尽量不要设计这样的活动环节，因为对于小班幼儿来说，使用瓶盖印画，容易淡化车轮印画这个主题，且如果只给部分幼儿提供了瓶盖，其他幼儿没有，可能会引起他们的不满。建议这一环节设计成教师在巡回指导中，针对能力不同的幼儿进行个别指导。

在实际活动中最好能从线条的美感等方面来具体评价，“都很漂亮”这样的评价语言太泛了，不必写在活动计划中。前半部分很好，让幼儿互评。

建议改为：“美工区活动中让幼儿用彩泥捏出小汽车，添加到自己完成的作品中。”

（叶惠玲批注）

五彩的公路（修订后计划）

活动目标

1. 初步欣赏和感受点线构造出的画面美。

2. 能运用玩具车滚印以及添画的方法创作出简易的作品。

3. 体验车轮印画带来的乐趣和成就感。

活动准备

1. 经验准备：(1) 幼儿已有初步的印画经验，学会基本的印画方法。(2) 幼儿见过马路上车水马龙的景象。

2. 物质准备：车轮印画图，全开黑色画纸若干，各种玩具汽车，各色颜料盘，海绵棒若干，湿抹布一组一块。

活动过程

一、情境导入，在车轮印画图上“旅行”。

引导语：瞧，老师手里拿的是什么玩具？（小汽车。）小汽车最喜欢旅行了，它去过高山，去过海边，还有很多很多的地方，我们一起跟着它留下的脚印一起去旅行吧！

二、出示车轮印画图，引导幼儿观察小汽车开到了哪里。

1. 引导语：旅行真有趣，让我们看看小汽车去了哪些好玩的地方。

2. 出示以山为背景的车轮印画图：小汽车开到了哪儿？小汽车在山上开出了什么样的线条呢？有几条？(教师一边讲，一边示范小汽车在山上开。)

3. 出示以马路为背景的车轮印画图：现在小汽车又开到了哪儿？它在马路上留下了脚印，它开出了什么样子的线条？这些线条是长的还是短的？小汽车是怎么开的？哪个小朋友愿意来试试看？(请个别幼儿上台示范。)

三、根据车轮印画图，引导幼儿欣赏。

1. 引导幼儿欣赏车轮印画图中点、线构成的美丽作品，感受线条的变化，重点启发幼儿欣赏“点线的美丽”。

2. 引导语：这个图中还有什么呢？路灯是什么形状的？草丛和路灯是用什么印画的？漂亮吗？哪里漂亮？

3. 小结：小汽车的脚印真好看，就像一幅漂亮的画，我们把这样的画叫车轮印画。

四、请个别幼儿上台示范车轮印画与点的添画。

1. 引导语：下面我请一个小朋友上来试一试。

2. 引导语：首先让车子在颜料盆里前后开开，使轮子滚上颜料，再把车子开到纸上，轮子的脚印看得更清楚、更漂亮了！注意开的时候不要倒车。

3. 引导语：大家想一想我们还可以在马路边上添点什么东西？除了路灯还有什么？我们可以怎么来画？

4. 过渡语：车轮印画很美，原来轮子的花纹也可以变成一幅美丽的作品呢。今天我们就要用小汽车的轮子来画一条五彩的公路，小朋友们想不想尝试？

五、幼儿印画“五彩的马路”，教师观察与指导。

1. 提出绘画要求。

(1) 颜料蘸一点点就可以了，蘸完不可以甩，轻轻地印画在纸上。

(2) 开小汽车的时候要注意安全，不能撞到别人的车，看见别人的车过来的时候可以让一让。

2. 幼儿作画，教师观察与指导。

(1) 鼓励幼儿大胆作画，并注意保持画面整洁。

(2) 根据幼儿实际作画水平提供相应的指导。

对于操作困难的幼儿，教师可以手把手地指导；对于操作顺利的幼儿，教师可以指导幼儿感知涂鸦和加粗线条的方式，并根据情况引导幼儿用海绵棒等工具进行添画，让画面尽量饱满。

六、以欣赏“我们的创作”结束活动。

引导语：我们一起来欣赏大家创作的作品。请你来评一评，你觉得哪一张最美、美在哪里，说一说你的小汽车开到了什么地方。

活动延伸

美工区活动中让幼儿用彩泥捏出小汽车，添加到自己完成的作品中。

金鸡冠的公鸡（三）（大班·表演游戏）

活动目标

1. 巩固理解作品内容，能在角色对话、动作、表情等方面进行创新，积极参与表演。

2. 能共同协商解决故事表演中的纠纷，会较正确地评价自己和别人的表演。

活动准备

1. 经验准备：幼儿已经熟悉《金鸡冠的公鸡》《小蝌蚪找妈妈》《小熊请客》《海龙王娶亲》的故事。

2. 物质准备：《金鸡冠的公鸡》中狐狸、公鸡、画眉鸟、猫的头饰和手偶，木偶台；《小蝌蚪找妈妈》中小蝌蚪、青蛙妈妈、小鸭、金鱼、大白鹅、乌龟的服装和头饰，荷叶道具；《小熊请客》中小熊、狐狸、小猫、小狗、小鸡的头饰，用于场景布置的栅栏、桌子、椅子、扫把、小鱼、小虫、骨头、点心盒子；《海龙王娶亲》中海龙王、虾兵蟹将、新娘、媒婆等的服装，手绢、兵器、唢呐、鼓、锣等道具。

这样详细交代虽清楚，但过于啰嗦，可以考虑尽量简洁一点，建议改为：“物质准备：《金鸡冠的公鸡》《小蝌蚪找妈妈》《小熊请客》《海龙王娶亲》故事表演中所需的头饰、道具、场地等。”

活动过程

一、直接切入主题，以评价上次游戏情况引入。

引导语：上周二我们的表演游戏你们玩得开心吗？为什么？你扮

演哪个故事中的角色？你觉得在表演的时候哪个角色最难表演？要怎么表演更好呢？

二、回忆故事内容，唤起幼儿的记忆。

1. 出示动物头饰，让幼儿猜想故事，并说出故事名称。

本环节设计明显存在倒置现象。如果上次的游戏与这次表演游戏的内容是一样的，那么建议将这部分放入导入环节，否则前面一个环节已经回顾了故事的名称、角色、情节，这里再来猜想故事、说出故事名称就不大贴切了。

2. 让幼儿回忆故事中最精彩的对话。

建议这一环节可以和上一环节“要怎么表演更好呢？”结合起来。

3. 让幼儿分清各角色的性格和外形特征，说说要怎么样来表现角色性格。

建议这一环节与上一环节“你扮演哪个故事中的角色？你觉得在表演的时候哪个角色最难表演？”结合起来。

三、让幼儿一起讨论本次表演游戏的规则。

建议体现出鼓励幼儿创新这方面的要求，与活动目标呼应。

1. 用恰当的语调、表情、动作形象地扮演角色。

2. 与同伴友好合作，共同商量表演角色与场地布置。

3. 要爱护游戏中的所有头饰、道具等。

四、让幼儿自由组合，选择场地、扮演角色。协助幼儿强配弱，促进共同发展。

五、幼儿游戏，教师重点指导能力较差的幼儿解决游戏中出现的问题。鼓励幼儿较夸张地表现人物性格特征。

表达不够明确，应尽量指出拟指导的重点以及拟指导的方式。另外，“能力较差的幼儿”，如此措辞不符合当下所倡导的“要学会欣赏儿童的优点”的教育理念。

六、讲评。

本环节存在的主要问题：一是评价是提

1. 请幼儿一起说说刚才在游戏中遇到哪些问题，请大家一起想办法解决。

2. 请个别表现较好的幼儿上来表演其所扮演的角色。

3. 表扬在游戏中能协商解决问题的幼儿，要求大家向他们学习解决问题的办法。

七、活动结束，检查游戏道具的收拾情况。

升幼儿经验的关键环节之一，因而要鼓励幼儿积极参与经验的分享与评价。二是教师可以引导幼儿进行多种形式的评价，如自评："你觉得你演得好吗？好在哪里？"互评："你喜欢谁的表演？为什么？你觉得谁还可以演得更好？怎么演？"质疑："你同意他的说法吗？（不同意，我觉得我演得更好。）他觉得他的方法好，你觉得你的方法好，那怎么办？"三是可以增设以下环节：请幼儿说一说这次表演和上次有什么不一样的地方，用了哪些好办法来表演；请个别幼儿说说喜欢谁的表演，为什么；等等。如此，可以更好地紧扣活动目标"会较正确地评价自己和别人的表演"。

（叶惠玲批注）

金鸡冠的公鸡（三）（修订后计划）

活动目标

1. 巩固理解作品内容，能在角色对话、动作、表情等方面进行创新，积极参与表演。

2. 能共同协商解决故事表演中的纠纷，会较正确地评价自己和别人的表演。

活动准备

1. 经验准备：幼儿已经熟悉《金鸡冠的公鸡》《小蝌蚪找妈妈》《小熊请客》《海龙王娶亲》的故事。

2. 物质准备：《金鸡冠的公鸡》《小蝌蚪找妈妈》《小熊请客》《海龙王娶亲》故事表演中所需的头饰、道具、场地等。

活动过程

一、回顾故事内容，唤起幼儿的记忆。

1. 出示动物头饰，让幼儿猜想故事，并说出故事名称。

引导语：上周二我们的故事表演中你们玩得开心吗？老师给你们看头饰，

看你们能不能猜出是哪个故事里的角色。

2. 让幼儿回忆故事中最精彩的对话。

引导语：你还记得你演的故事里最精彩的对话吗?

3. 让幼儿分清各角色的性格和外形特征，说说怎样才能表现出角色的性格。

引导语：你们觉得在表演的时候哪个角色最难表演？要怎么表演更好呢？

二、讨论本次故事表演时的注意点，说出自己的想法。

1. 用恰当的语调、表情、动作形象地扮演角色，比上次表演得更好。

2. 与同伴友好合作，共同商量表演的角色与场地布置。

3. 要爱护游戏中的所有头饰、道具，结束时要整理好头饰、道具。

三、自由组合，开展表演游戏。

1. 重点指导幼儿掌握表演技能，鼓励幼儿较夸张地表现人物性格特征。

2. 指导方式：通过参与幼儿的表演对游戏进行指导，或以观众身份在表演外进行指导。

四、分享交流与评价。

1. 请幼儿一起说说刚才在故事表演中遇到哪些问题，请大家一起想办法解决。

2. 请个别表现较好的幼儿上来表演其所扮演的角色，说说这次表演和上次有什么不一样的地方、用了哪些好办法来表演。

3. 请个别幼儿说说自己喜欢谁的表演、为什么。

4. 表扬在表演中能协商解决问题的幼儿，要求大家向他们学习解决问题的办法。

五、活动结束，检查游戏道具的收拾情况。

第三辑　活动形式运用问题

活动形式指的是教师在活动设计时所采用的教学方法与组织形式，包括教师在活动设计中所创设的活动情景和体现教师指导作用的问题设计、引导语等直接影响师幼互动形态与效果的教学要素。在活动形式的运用方面，教师应着重注意以下四个问题，以体现“形式为内容服务”。

一是要考虑到幼儿学习情绪唤醒问题。由活动形式而唤醒的幼儿情绪要能为幼儿开展有效的学习而服务，即教师所创设的活动情景，要能有效地引导幼儿从感知的兴奋转移到思维的兴奋，将兴奋集中到活动的内容上。例如，在开展数学活动时，抽象的数学活动内容本身无法直接激发起幼儿的学习兴趣、好奇心。教师为了增强幼儿数学学习的主动性，就有必要在数学活动过程中，通过创设与学习目标相适宜的学习情境，以形象化的情境创设、游戏化的学习方式来唤起幼儿在数学活动中的积极情绪，即通过情境创设赋予枯燥的学习内容以情绪化的色彩，进而激活幼儿在活动中的思维状态，促进幼儿理解与建构相应的数学经验。再如，在幼儿文学作品、音乐作品等文学艺术作品的学习活动中，由于文学艺术作品本身承载着作者的情感基调，作品带有明显的情绪性色彩，教师要让幼儿更好地理解与体验文学艺术作品的情绪，往往需要通过语言、音乐、环境布置等方式，创设与作品情绪相匹配的情境，以唤醒幼儿的活动情绪，强化其情绪与作品情绪的同步性，从而使幼儿情绪与所学习作品的内容相匹配，以帮助幼儿更好地学习与理解文学艺术作品。

二是要切合幼儿的生活经验。特别是旨在让幼儿置身其中，并期望幼儿产生相应的活动体验的活动情景的设计上，要充分考虑幼儿在教师所设计的活动情景中的体验是否能与活动所预设的效果一致。例如，为了让幼儿体验盲人在生活中的不便，教师在活动过程中创设让幼儿戴上眼罩的环节，但在实际活动中的效果却大出教师所料，戴上眼罩的幼儿感到很新奇，表现得很兴奋，有的大声嬉笑，有的窃窃私语，有的对眼罩本身产生了兴趣，不时地看一看、摸一摸……显然，幼儿的实际表现与教师的预期相去甚远，该环节所带给幼儿的其实是一种有趣而好玩的游戏体验而已，活动效果不尽如人意是可想而知的。

三是要与前学科知识学习特点相一致。尽管游戏化、活动化是幼儿前学科知识学习的共性，但不同的学科知识的性质不同，决定着幼儿学习具体的前学科知识的特点也有所不同。教师在教学方法的运用上，应突显前学科知识学习的特点。例如，在科学活动中，教师应将探究法作为科学活动的主要活动方法与活动形式；在数学活动中，操作法必然是幼儿学习数学的主要方式；在语言活动中，除幼儿文学作品欣赏活动外，让幼儿在活动中练习口语则是该领域学习的基本特征；在创作类活动中，如让幼儿根据作品创编、仿编、表演等，就应该让幼儿有更充分的时间来完整感受与体验作品的内容与结构等，只有充分感受、体验，幼儿的创作活动才有可能是生动而富有个性的。

四是要符合幼儿的认知水平。教师的问题设计，体现了教师在活动中对幼儿的指导水平，关乎师幼互动的质量。活动中，教师对幼儿的发问意味着教师是师幼互动的主动发起方，这犹如教师在与幼儿打乒乓球时，教师向幼儿发过去的球不仅要让幼儿可以接住，而且还应该让幼儿有愿意继续与教师玩下去的兴趣。在活动计划中，教师所设计的问题除了要体现问题的目标、逻辑性和指向性，还应符合幼儿的认知水平，体现年龄的层次性。对于大班幼儿而言，可以设计以下问题：有助于培养幼儿概括能力的问题，如“他们有什么共同的特点”；有助于幼儿深入思考、寻找事物因果关系的“为什么”的问题；有助于提高幼儿连贯、完整表达能力的问题，如“是什么”“怎么样”“为什么”等三个有相互关联的问题。对于小班幼儿来说，就宜采用单个问题逐一问答，即一问一答的方式，且问题所蕴含的信息量要小，可以用简单句或简单复合句回答。中班幼儿的问题难度介于大班与小班之间，宜根据实际情况在小班水平上逐步加大难度，如可以连续提两个问题，或提一个比较复杂的问题。例如，中班语言活动“大狮子与小老鼠”，教师在完整讲述完故事之后，如果仅向幼儿提出“大狮子还会小瞧小老鼠吗”这样的问题，则问题就显得过于简单，幼儿只要回答“会”与“不会”即可，未能有效地引发幼儿做较深层次的思考和表达，挑战性不够。因而建议将该问题设计改为：“①故事的名称是什么？②大狮子和小老鼠之间发生了什么事？它们当时的心情怎么样？③它们为什么会成为好朋友？”

跳跳乐园（小班·健康）

设计意图

小班下学期，幼儿肢体动作有所发展，更加喜欢跑跑跳跳，使用游戏道具和情境创设，使每个幼儿都能在原有的水平上发展。角色扮演游戏吸引幼儿，注重趣味性，满足幼儿的需求，并在游戏中得到身体的锻炼，因此我设计了本体育活动的教案。

这段表述不通顺、不清晰，可以考虑从以下几大点来表述：(1) 本活动产生的缘由。(2) 为什么将活动目标定为“并脚向前行进跳”？(3) 为什么要采用游戏的方式？

活动目标

1. 学会双脚向前行进跳。

2. 愿意遵守游戏规则，体验游戏的乐趣。

目标1存在的问题：一是“学会”一词侧重于关注结果，建议改为“学习”，因为“学习”一词有助于引导教师去关注活动过程，关注幼儿在活动中的感受，而不仅仅是结果。二是表述不严密。建议改为：“学习并脚向前行进跳。”

活动准备

1. 经验准备：幼儿已初步了解跳的方法。

2. 物质准备：钻圈若干、娃娃若干、音乐。

本活动内容是学习并脚跳，为了形象理解这一动作，可让幼儿扮演兔子学兔子跳，即并脚向前跳，因此建议增加兔子头饰。

活动过程

一、扮演小兔子做热身活动，激发幼儿参与活动的兴趣。

1. 引导语：小朋友们，今天天气真好，我们一起动一动吧！

2. 幼儿散开站，并跟着教师随儿歌做动作。儿歌：“小兔陶陶真淘气，学学小鸡点点头，学学小鸭耸耸肩，学学小狗弯弯腰，学学小鸟踢踢腿，学学小兔蹦蹦跳。”

二、设置场景，借助肢体动作感受跳的乐趣。

环节二的设计存在着重点不突出的问题，因为在环节二并不是要让幼儿去感受跳的乐趣，而是要学习新动作。建议改为："设置场景，引导幼儿练习并脚向前跳的动作。"

1. 创设跳跳乐园的场景，初次感受跳的动作。

虽是初次跳，也应该提跳的要求，建议改为"引导幼儿尝试并脚向前跳"。

引导语：哇，我们来到了一个跳跳乐园，请小朋友们跟着音乐往前跳吧！

应提出具体跳的要求，建议改为"学习小兔子并脚向前跳"。

2. 请个别幼儿给大家示范跳，教师再讲解、示范。

(1) 引导语：请一个小朋友来中间试一试，你会怎么跳？

(2) 动作指导：双手自然放在两侧，双膝弯曲，轻轻一蹬往上跳，落地时脚尖先着地（双脚跳）。

(1) 本环节中，教师要事先观察哪个幼儿并脚向前跳的动作做得较标准，再请他上来示范，尽量不要请做不好的幼儿上来示范，以免误导。(2) 引导语"你会怎么跳"无效，建议改为"小朋友要注意观察他是怎样跳的"。

3. 小结：宝宝们跳起来真可爱，跳的时候要先屈膝，并脚轻轻跳起，轻轻落地。

三、借助场景，介绍游戏规则并指导游戏。

1. 第一次游戏，模仿皮球进行双脚跳，教师引导幼儿跳起时绷直双脚。

(1) 皮球跳的速度不好把握，建议将"模仿皮球进行双脚跳"改为"跟着音乐节奏并脚向前行进跳"，下同。(2) 双脚向前跳的动作指导要领有误，绷直双脚是往上跳，不是往前跳，故不能绷直双脚，下同。

(1) 引导语：这次出来玩，村长让我带着任务卡，任务卡里是怎么说的呢？亲爱的小朋友们，请你们随着皮球跳，但是皮球停的时候，小朋友也要停下来。

(2) 游戏要求：①跟着皮球的速度跳；②皮球停，幼儿也站立不动。

(3) 重点指导：起跳时双膝弯曲，轻轻跳起时绷直双脚。

2. 第二次游戏，幼儿过桥，教师通过适当控制跳的高度，引导幼儿进一步掌握轻轻跳的技能。

引导幼儿掌握轻轻跳的技能并不是通过控制跳的高度来达成，而应是强调幼儿落地时脚尖先落地。

(1) 引导语：瞧！我们又收到了一张村长的任务卡，村长说小朋友们第一个任务完成得真棒！接下来一个任务就是，请你们自己选择一条通往前方的桥跳过去，跳的时候轻轻地，不要吵醒睡觉的小鱼，跳完从旁边返回并排在小朋友队伍后面，继续玩，音乐停就回到老师身边排队，听懂了吗？

(2) 游戏要求：不碰到桥，不吵醒睡着的小鱼。

(3) 重点指导：轻轻向前跳，轻轻落地。

(4) 小结：跳起的时候双脚绷直，轻轻落地。

3. 第三次游戏，帮娃娃找家，练习轻轻地、双脚绷直跳的方式。

三次游戏内容都是以跳为主，这种过于机械的、重复的跳的练习容易让幼儿疲劳，也有可能导致膝盖受损，不利于幼儿身体全面发展，建议在游戏中适当增加走、钻、爬等内容。

(1) 引导语：宝贝们，我们通过彩虹桥。瞧！最后一项任务来了：你们的任务都完成得很棒，现在乐园里有很多娃娃找不到家，请你找一个娃娃，然后把它放在你的背袋里，跳着把它送到桥对面的篮子里，最后请你站在它的旁边保护它。听懂了吗？

(1) 这个设计不合理，幼儿跳的过程中玩具娃娃容易从背袋中掉出来，无形中给幼儿增加了不必要的麻烦。建议改为“抱着娃娃”。(2) “听懂了吗”不是问出来的，必须靠教师去观察与判断。

(2) 游戏要求：背着娃娃跳，

中途掉了要返回原点重新往前跳。	没必要再返回，这样路线较乱，建议改为“要捡起娃娃”。
(3) 重点指导：双脚绷直，轻轻往前跳。	指导不到位，应强调幼儿双脚落地时，要脚尖先落地。
四、放松身心，教师带领幼儿做放松全身的活动。	
引导语：宝贝们，让我们一起放松一下吧。	太简略了，应简单交代放松活动的做法。

（严碧芳批注）

跳跳乐园（修订后计划）

设计意图

小班下学期，幼儿走、跑、跳等基本动作技能有所发展。前段时间我们班的个别幼儿已经在尝试小兔跳（并脚向前跳）动作，但因协调性不太好，出现了两条脚没有同时跳起、落地时太重等问题。针对这一情况，我们精心设计了“跳跳乐园”体育活动，通过情境创设，让幼儿在游戏中学习并脚向前行进跳，在满足幼儿需求的同时，发展幼儿的动作技能。

活动目标

1. 学习并脚向前行进跳。
2. 愿意遵守游戏规则，积极参与活动。
3. 体验参与体育游戏的乐趣。

活动准备

1. 经验准备：幼儿已初步了解跳的方法。
2. 物质准备：兔子头饰若干、娃娃若干、音乐。
3. 环境创设：布置“小兔子过桥”“帮娃娃找家”游戏场景。

活动过程

一、组织幼儿扮演小兔子做热身活动，激发幼儿参与活动的兴趣。

1. 引导语：今天天气真好，小兔子们跟着兔妈妈一起动一动吧！
2. 幼儿散开站，并跟着教师随儿歌做动作。

儿歌：“小兔陶陶真淘气，学学小鸡点点头，学学小鸭耸耸肩，学学小狗弯弯腰，学学小鸟踢踢腿，学学小兔蹦蹦跳。”

二、设置场景，引导幼儿练习并脚向前跳的动作。

1. 创设跳跳乐园的场景，引导幼儿尝试并脚向前跳。

引导语：哇，我们来到了一个跳跳乐园，请小朋友们跟着音乐学习小兔子并脚向前跳吧！

2. 请跳得比较好的幼儿给大家示范跳，教师再讲解、示范动作。

(1) 引导语：请×××小朋友来中间试一试，小朋友要注意观察他是怎样跳的。

(2) 重点指导：双手自然放在两侧，双膝弯曲，并脚轻轻一蹬往上跳，落地时脚尖先着地（并脚跳）。

三、借助场景，介绍游戏规则并指导游戏。

1. 第一次游戏：跟着音乐节奏并脚向前行进跳。

(1) 引导语：这次出来玩，村长让我带着任务卡，我们一起来听一听村长的任务卡是怎么说的吧！亲爱的小朋友们，音乐响起时，请你们跟着音乐的节奏学小兔子并脚向前跳，音乐一停，请你们也跟着马上停下来。

(2) 游戏要求：①跟着音乐的节奏，并脚向前行进跳；②音乐停，要停住不动。

2. 第二次游戏：小兔子过桥。

(1) 引导语：瞧！老师又收到了村长新的任务。村长说小朋友们第一个任务完成得真棒！接下来一个任务是"小兔子过桥"。过桥前需要先走过窄窄的小路，钻过拱门，爬过草地，再跳过桥。桥下有小鱼，小兔子跳的时候要轻轻地，不能吵醒睡觉的小鱼，跳过桥后从旁边返回，排到小朋友队伍的后面，继续玩。当音乐停止时请小兔子们回到老师身边来。

(2) 游戏要求：过桥时不吵醒睡着的小鱼。

3. 第三次游戏：帮娃娃找家。

(1) 引导语：宝贝们，你们的任务完成得很棒，但是乐园里有很多娃娃找不到家，请你们到乐园里找到一个娃娃，抱着娃娃并脚跳过桥，最后把娃娃送到桥对面的篮子里，好吗？

(2) 游戏要求：抱着娃娃并脚向前行进跳，中途掉了要捡起娃娃继续往前跳。

四、带领幼儿做放松活动，结束活动。

引导语：宝贝们，今天我们完成了很多任务，大家很棒也很辛苦！让我们跺跺脚，拍拍腿，甩甩臂膀，一起放松一下吧！

什么动物吃什么（小班·语言）

活动目标

1. 掌握动物的不同叫声、动作及食物，学习运用有节奏的语言加以表现。

2. 读准“叽叽叽”“汪汪汪”“喵喵喵”“咩咩咩”“吃”等字音。

3. 初步尝试根据句式仿编简单的儿歌，体验语言的节奏美。

这应该属于已有经验，不是本活动的学习目标。建议改为：“理解儿歌内容，学习有节奏地朗读儿歌”。

活动准备

1. 经验准备：幼儿已初步了解猫、鸡、羊、狗等几种常见动物，并知道其叫声、爱吃的食物。

2. 物质准备：课件，黄牛、青蛙、鸭子、老鼠、鸽子等动物图片，青草、虫子、小鱼、大米、玉米等食物图片。

活动过程

一、谈话引入，激发幼儿学习的兴趣。

引导语：森林里有几位小客人要来我们班做客，我们一起来看看都有谁。

二、教师点击课件，逐一出示动物图片，引导幼儿大胆地模仿动物的叫声、说出动物喜欢吃的食物并用动作表现出动物的形态。

1. 点击课件，用课件闪烁的方法，让幼儿与课件互动，请出动物。

本环节中，教师应尽量将儿歌的学习融入认识动物的过程之中。建议不要采用请出动物后教师朗诵儿歌，继而幼儿跟随学习的模式，这样的模式太过死板；可以尽可能将儿歌的学习逐层渗透在游戏中，渗透在每个环节中，让幼儿不断地感受和体验。那么，这一环节即可在请出动物并提问后，引出每一句儿歌，让幼儿初步体会。

教师提问动物怎么叫、吃什么。

> 建议改为："引导语：这是谁呀？它怎么叫的呢？它最喜欢吃什么？"

2. 用不同的引导方式依次请出所有的动物。

三、教师完整朗诵儿歌《什么动物吃什么》，幼儿欣赏。

小小鸡，叽叽叽，吃什么，吃小虫。

小黄狗，汪汪汪，吃什么，吃骨头。

小花猫，喵喵喵，吃什么，吃小鱼。

小山羊，咩咩咩，吃什么，吃青草。

四、教师结合图谱引导幼儿学习儿歌。

1. 教师结合图谱，引导幼儿学习儿歌。(2遍)

> 如何引导？建议以游戏的形式来引导幼儿学习。这个环节没有呈现出来，太过简单。

> 这个图谱不大适合。对于小班幼儿来说，图谱应尽量简单有趣，不需要呈现节奏型。

2. 以小组互答的形式有节奏地朗诵儿歌。

五、引导幼儿根据儿歌句式进行仿编。

1. 教师提出仿编儿歌的要求。

> 本环节一开始便提出仿编要求，过于突然，可先通过提问"除了儿歌里的动物，还可以请哪些动物"，请幼儿把他们想到的动物说出来，初步明确仿编的内容，继而提出仿编要求。

2. 请幼儿自选动物图片仿编儿歌，教师巡视指导。鼓励幼儿互换图片，编出不同的儿歌。

3. 请四名幼儿将所编句子串成完整的儿歌，其余幼儿欣赏。

六、在《我爱我的小动物》歌声中愉快地结束活动。

活动延伸

将图谱投放在区角中，引导幼儿进一步仿编儿歌。

（叶惠玲批注）

什么动物吃什么（修订后计划）

活动目标

1. 理解儿歌内容，学习有节奏地朗读儿歌。

2. 发准“叽叽叽”“汪汪汪”“喵喵喵”“咩咩咩”“吃”等字音。

3. 初步尝试根据句式仿编简单的儿歌，体验儿歌的节奏美。

活动准备

1. 经验准备：幼儿已初步了解猫、鸡、羊、狗等几种常见动物及其叫声、爱吃的食物。

2. 物质准备：课件，儿歌图谱，黄牛、青蛙、鸭子、老鼠、鸽子等动物图片，青草、虫子、小鱼、大米、玉米等食物图片。

活动过程

一、谈话引入，激发幼儿学习的兴趣。

引导语：森林里有几位客人要来我们班做客，我们一起来看看都有谁。

二、引导幼儿初步感知儿歌节奏和歌词。

教师结合儿歌让幼儿与课件互动，边念儿歌边请出对应的动物，引导幼儿大胆地说出动物的叫声、喜欢吃的食物，并用动作表现出动物的形态。

引导语：这是谁呀？它怎么叫的呢？它最喜欢吃什么？

三、教师完整朗诵儿歌《什么动物吃什么》，幼儿欣赏。

小小鸡，叽叽叽，吃什么，吃小虫。

小黄狗，汪汪汪，吃什么，吃骨头。

小花猫，喵喵喵，吃什么，吃小鱼。

小山羊，咩咩咩，吃什么，吃青草。

四、结合图谱引导幼儿学习儿歌。

1. 结合图谱，运用“我问你猜”的游戏方式引导幼儿学习儿歌。

集体说儿歌前半部分，当教师说“吃什么”时，走到一幼儿面前，由该幼儿回答。

2. 以师幼互答、小组互答的形式有节奏地朗诵儿歌。

五、引导幼儿根据儿歌句式进行仿编。

1. 请幼儿说说除了儿歌里的动物，还有哪些动物可以被请进儿歌中，它们吃什么。

2. 请幼儿自选动物图片和食物图片仿编儿歌，教师巡视指导；鼓励幼儿互换图片，编出不同的儿歌。

3. 请四名幼儿将所编句子串成完整的儿歌，教师即时画出图谱，幼儿集体朗诵。

六、活动以引导幼儿继续请动物并仿编儿歌的形式结束。

引导语：还有很多动物也想来参加。大家可以继续请动物，并仿编儿歌。

活动延伸

将图谱投放在区角中，引导幼儿进一步仿编儿歌。

云彩和风儿（中班·语言）

活动目标

1. 感受诗歌中云彩奇异变化的美妙意境，尝试仿编句子。

2. 理解诗歌的内容，学习词语：竖起桅杆、扬起风帆、躬起身子。

3. 体验云彩变化多端的乐趣。

建议改为："1. 感受诗歌中云彩奇异变化的美妙意境。2. 能发挥想象，尝试仿编诗句，体验诗歌学习活动的乐趣。3. 学习词语：竖起桅杆、扬起风帆、躬起身子。"

活动准备

1. 经验准备：活动前带幼儿到户外观察云彩，鼓励幼儿大胆想象，组织幼儿玩"云彩和风儿"的游戏。

2. 物质准备：背景图、课件、背景音乐。

物质准备最好更具体一点。

3. 环境创设：用棉花制成表现云彩的教具，创设坐在云彩下的氛围。

活动过程

一、带领幼儿在云彩的世界里玩游戏"云彩和风儿"，引导幼儿说出"吹呀吹，云彩变成……"。

导入环节建议直接与幼儿做简短谈话，如："引导语：小朋友们，你们见过天上的云吗？天上的云有什么形状？像什么？"教师也可以在幼儿自由发言之后，有准备地提供几张与诗歌内容比较匹配的云朵图片，让幼儿观察、想象，并有意识地引导幼儿思考这些云朵像什么、会做什么。注意在出示图片引导幼儿交流讨论乃至发言的过程中，要有意识地将幼儿的答案与诗歌联系起来。导入环节的最后，教师可以直接地告诉幼儿："有位叔叔将小朋友们刚才讲的许多想法编成一首好听的诗歌，诗歌的名字叫《云彩与风儿》，今天我们一起来学习这首好听而优美的诗歌

二、教师配乐朗诵诗歌，引导幼儿初步感受诗歌的语言美和意境美。

1. 教师完整地朗诵诗歌。

2. 朗诵后提问：这首诗歌叫什么名字？听完这首诗歌后，你觉得怎么样呢？

3. 小结：这首诗歌叫《云彩和风儿》，听完后你们的感受是怎样

的？开心、害怕、好玩、有趣……

吧！”这样处理的理由如下：一是唤醒幼儿的生活经验，将所要学习的内容与幼儿已有经验有效对接；二是发挥幼儿想象；三是切入主题，即今天要学习的内容与云朵有关；四是可以将诗歌内容渗透到导入环节。

三、教师朗诵第二遍，以提问的形式帮助幼儿理解诗歌的内容。

教师朗诵第二遍，最好结合图片，以帮助幼儿理解，最主要是帮助幼儿记住诗句。

1. 教师完整地朗诵诗歌。

2. 朗诵后提问：诗歌里面有谁呢？这些东西变出来怎么样？

四、教师和幼儿朗诵第三遍，丰富和理解词语“竖起桅杆”“扬起风帆”“躬起身子”，尝试仿编句子。

(1) 朗诵第三遍之前可以让幼儿来说一说他最喜欢哪一句诗句。(2) 词语的解释与丰富应该安排在教师朗诵第二遍诗歌这一环节。(3) 仿编是本活动的目标之一，有必要独立设计一个环节来学习。原设计对仿编工作的引导不够，时间安排也不够充分，有一带而过之嫌疑，明显不妥。此外，在仿编之前有必要再次完整朗诵诗歌，以加深幼儿对诗歌格式及意境的感知。

1. 出示背景图，结合图片，引导幼儿轻声地与教师一起进行分段朗诵，每段欣赏后提问：云彩变成什么呢？它在做什么呢？让我们一起看一看、学一学。

小结：诗歌运用拟人的修辞手法，把多变的云彩写得更加有趣。

2. 随课件完整朗诵，表现诗歌的优美意境及语言美。

3. 请幼儿尝试仿编句子。

五、活动在有趣的游戏氛围中结束。

建议以评议或交流幼儿的仿编诗句来结束本活动，比较自然。原来设计的结束方式尽管体现了动静结合的原则以及活跃气氛的考量，但如果处理不当，会比较牵强。

教师扮演风儿，幼儿扮演云彩，演绎诗歌。

活动延伸

教师引导幼儿在美工区使用颜料、棉签等材料来画云彩。

活动资料

云彩和风儿（诗歌）

天上的云彩真有趣。

天上的风儿真能干。

吹呀吹，云彩变成小白船，竖起桅杆，扬起风帆。小船飘呀飘，飘到远处看不见。

吹呀吹，云彩变成大狮子，躬起身子，张开大口。狮子吼呀吼，吓得羊群都逃散。

吹呀吹，云彩变成胖娃娃，头戴金帽子，身穿白围嘴儿，跑来跑去，和太阳公公闹着玩。

天上的云彩真有趣。

天上的风儿真能干。

（严碧芳批注）

云彩和风儿（修订后计划）

活动目标

1. 感受诗歌中云彩奇异变化的美妙意境。

2. 能发挥想象，尝试仿编诗句，体验诗歌学习活动的乐趣。

3. 学习词语：竖起桅杆、扬起风帆、躬起身子。

活动准备

1. 经验准备：活动前带幼儿到户外观察云彩，鼓励幼儿大胆想象，组织幼儿玩“云彩和风儿”的游戏。

2. 物质准备：与诗歌内容匹配的三幅云朵图片，诗歌课件，与诗歌性质相匹配的背景音乐。

3. 环境创设：用棉花制成表现云彩的教具，创设坐在云彩下的氛围。

活动过程

一、谈话导入，激发幼儿参与活动的兴趣。

1. 引导语：小朋友们，你们见过天上的云吗？天上的云有什么形状？像什么？

2. 出示三幅云朵图片，引导幼儿与同伴交谈、观察和想象：这些云朵像什么？会做什么？

3. 小结：有位叔叔将小朋友们刚才讲的许多想法编成一首好听的诗歌，诗歌的名字叫《云彩和风儿》，今天我们一起来学习这首好听而优美的诗歌吧！

二、配乐朗诵，引导幼儿初步感受诗歌中的语言美和意境美。

1. 完整地朗诵诗歌。

2. 朗诵后提问：听完这首诗歌后，你觉得怎么样呢？

3. 小结：听完后你们的感受是开心、害怕、好玩、有趣……

三、结合课件图片，引导幼儿完整朗诵儿歌。

1. 完整地朗诵诗歌。

2. 朗诵后提问：诗歌里面有谁呢？云彩变成什么呢？它们在做什么呢？让我们一起看一看、学一学。

3. 丰富和理解词语：竖起桅杆、扬起风帆、躬起身子。

四、师幼一起随课件有表情地完整朗诵诗歌。

1. 提问：你喜欢诗歌里的哪一句诗句？

2. 在幼儿回答问题的基础上，引导幼儿在朗诵过程中感受诗歌运用拟人的修辞手法所表现的艺术效果，即把多变的云彩写得更加有趣、更加形象生动。

五、引导幼儿尝试仿编诗句。

1. 引导幼儿发挥想象：云朵还可以变成什么？它们还会做什么？

2. 在幼儿回答问题的基础上，引导幼儿运用诗句的表达方式来尝试仿编。

3. 幼儿自主尝试仿编。

4. 请个别幼儿介绍自己仿编的诗句。

六、点评幼儿的仿编诗句，结束活动。

活动延伸

引导幼儿在美工区使用颜料、棉签等材料来画云彩。

草地上的空罐头（中班·语言）

活动目标

1. 能仔细观察图片，根据图片大胆表达出小动物对待空罐头的不同方式。

2. 懂得要讲文明，保持环境的卫生。

如果是语言领域中的看图说话活动，那就应该有讲述方面的明确要求。

活动准备

1. 经验准备：幼儿事先了解环保的相关知识。

2. 物质准备：空罐头，挂图《草地上的空罐头》，空罐头做成的工艺品。

活动过程

一、出示空罐头，问题导入，激发幼儿的活动兴趣。

1. 引导语：小朋友，你们看这是什么，如果你们在草地上看见了空罐头，你们会怎么做？（鼓励幼儿大胆想象讲述。）

2. 过渡语：小朋友们说了这么多，那我们来看看小动物们看见了空罐头是怎么做的。

二、逐一出示挂图，引导幼儿仔细观察并讲述。

图片的呈现方式应根据图片的具体内容以及活动开展的需要而定，如果图片所反映的故事情节较为明朗，线索清晰，则一般可以根据“情节开始→发展→结果”来作为出图的依据。就本活动而言，出图方式不宜采用逐一出示，而应分层次出示，即先出示图

1. 出示图一，引导幼儿仔细观察并大胆讲述。

提问：图上有谁？它的表情怎么样？它是怎样对待空罐头的？（鼓

励幼儿仔细观察，大胆讲述。）

一，再出示图二和图三，最后才是图四，因为图二和图三属于故事发展的同一阶段，宜同时呈现，让幼儿一起观察。建议将“逐一出示挂图”改为“分层次出示挂图”。

2. 出示图二，引导幼儿观察和讲述。

图二和图三属于同一阶段的图片，建议同时出现，并增加让幼儿充分而自由地观察与讲述的机会。

（1）过渡语：小猴子把空罐头扔出去后，会发生什么事情呢？请小朋友接着往下看。

（2）提问：空罐子砸到谁了呀？它的表情是怎样的？它会怎么说？我们一起来学一学它被砸到的感觉，最后它是怎样对待空罐头的？

3. 出示图三，引导幼儿仔细观察并大胆讲述。

（1）过渡语：空罐头砸到小猪，接下来会发生什么事情呢？我们继续往下看看。

（2）提问：空罐头又到了哪里？谁发现了？它是怎么想的？又是怎么做的？

4. 出示图四，引导幼儿仔细观察、大胆讲述图片内容。

（1）过渡语：空罐头被小兔子踢走了，它还会到哪里去呢？请小朋友们猜一猜。

故事情节至此即将发生转折，可以让幼儿走进故事，参与体验故事中各角色的心理感受，请幼儿就此问题发表一下自己的看法。建议将过渡语调整为：“看到这些小动物这样对待空罐头，你们有什么想法吗？”

（2）提问：空罐头滚到哪里？谁发现了它？空罐头当什么用了？

这里的问题设计应体现承上启下的作用。建议改为：“有两只小乌龟就有自己的想法，我们来看看，它们是怎么想的、怎么做的呢？”

三、引导幼儿完整地讲述四幅图的内容，并给图片命名。

1. 引导语："精彩故事栏目"要开播了，请小朋友将四幅图的内容连起来完整地讲述给大家听。注意完整连贯地讲述，用上好听的词语。

2. 提问：这个故事应该取什么名字好呢？谁来说一说？

3. 引导幼儿围绕焦点讨论，进行扩展讲述。

（1）讨论：你们认为谁对待空罐头的方式最好？为什么？如果是你，你会怎么样对待空罐头？图片里小乌龟把空罐头做成了小船，那我们可以用空罐头做成什么呢？

这里可以出示空罐头制作的工艺品实例让幼儿欣赏。

（2）小结：图片中的小乌龟对待空罐头的方式最好。因为这样做既能好好地利用空罐头，又能保持环境的卫生和整洁。我们大家要注意不能乱丢垃圾和废旧物品，要保护我们美丽的环境。

活动延伸

在区域活动中开展"用空罐头做××"的制作活动，完成后请幼儿向同伴介绍自己的作品。

（刘志清批注）

草地上的空罐头（修订后计划）

活动目标

1. 能仔细观察图片，基本完整而且较连贯地讲述图片内容。
2. 能对图片中小动物对待空罐头的不同方式发表自己的看法。
3. 懂得要讲文明，保持周围环境的卫生。

活动准备

1. 经验准备：幼儿事先了解环保的相关知识。

2. 物质准备：空罐头，挂图《草地上的空罐头》，空罐头做成的工艺品。

活动过程

一、出示空罐头，导入问题，激发幼儿的活动兴趣。

1. 引导语：小朋友，你们看这是什么？如果你们在草地上看见了空罐头，你们会怎么做？（鼓励幼儿大胆想象并讲述。）

2. 过渡语：小朋友们说了这么多，那我们来看看小动物们看见了空罐头是怎么做的。

二、分层次出示挂图，引导幼儿仔细观察并讲述。

1. 出示图一，引导幼儿仔细观察并讲述。

提问：图上有谁？它的表情怎么样？小猴怎样对待空罐头？（鼓励幼儿仔细观察，大胆讲述。）

2. 出示图二和图三，引导幼儿观察和讲述。

（1）过渡语：小猴子把空罐头扔出去后，会发生什么事情呢？请小朋友接着往下看。

（2）幼儿观察并讲述图二和图三。

（3）组织全体幼儿逐幅观察图二和图三，并根据图片内容提问：①小猴扔掉的空罐头到哪里去了呢？（结合演示“砸”的动作。）②小猪被砸到后有什么反应？接下来又发生了什么事？

3. 出示图四，引导幼儿仔细观察并大胆讲述图片内容。

（1）过渡语：看到这些小动物这样对待空罐头，你们有什么想法吗？

（2）引导语：有两只小乌龟就有自己的想法，我们来看看，它们是怎么想的、怎么做的呢？

4. 引导幼儿完整地讲述四幅图的内容，并给图片命名。

（1）请幼儿完整讲述图片。

引导语：“精彩故事栏目”要开播了，请小朋友将四幅图的内容连起来完整地讲述给大家听。注意完整、连贯地讲述，用上好听的词语。

（2）为图片取名。

提问：这个故事应该取什么名字好呢？谁来说一说？

三、引导幼儿围绕焦点讨论，拓展交流。

1. 讨论：你们认为谁对待空罐头的方式最好？为什么？如果是你，你会怎样对待空罐头？

2. 出示空罐头制作的工艺品实例让幼儿欣赏，并提出制作的设想。

引导语：图片里小乌龟把空罐头做成了小船，那我们可以用空罐头做成什么呢？

3. 小结：图片中的小乌龟对待空罐头的方式最好。因为这样做既能好好地利用空罐头，又能保持环境的卫生和整洁。我们大家要注意，不能乱丢垃圾和废旧物品，要保护我们美丽的环境。

活动延伸

在区域活动中开展“用空罐头做××”的制作活动，完成后请幼儿向同伴介绍自己的作品。

做个守信用的孩子（大班·社会）

活动目标

1. 通过欣赏故事和事例讨论，知道守信用的含义。

2. 懂得做一个守信用的人，答应别人的事要说到做到。

3. 感受到守信用对交往的重要性，体验守信用给别人带来的愉快。

建议改为："1. 知道答应别人的事应该做到，懂得守信用对交往的重要性。2. 初步形成守信用的意识，学习做一个守信用的人。"

活动准备

1. 经验准备：引导幼儿在平时收集身边守信用的故事，并连贯讲述。

2. 物质准备：动物指偶、课件。

3. 资源利用：事先请幼儿排练好情境表演"谁是守信用的好孩子"。

活动过程

一、提问导入，激发兴趣。

引导语：今天老师带来了一个好听的故事，不过老师讲故事之前要和小朋友先做个约定，等这个活动结束后，每个小朋友都给老师一个拥抱，老师就有小礼物送给他，你们能做到吗？

从现有的设计来看，活动不是以"提问"的形式导入的，没有看到专门的"提问"，引导语中也没有有效的提问。

二、体验故事，深入感受。

1. 教师结合动物指偶讲述故事《约定》，初步了解故事大意。

提问：老师的故事讲完了，请问故事里有谁？发生了什么事情？（故事里有小兔明明、小狗乐乐、小花猫、明明的妈妈，发生了一件关于遵守约定的事情。）

从现有的设计来看，"故事"无法体验，通过聆听故事，也无法达到"深入感受"的效果。

2. 利用多媒体课件欣赏故事，帮助幼儿理解守信用的含义。

不仅仅要帮助幼儿理解"守信用"的含义，还要帮助引导语：那这个故事到底发生了什么事情，我们再仔细听一听。

（1）结合图片，引导幼儿理解明明不守信用给别人带来的不愉快。

提问：明明答应小伙伴什么事情？他做到了吗？乐乐是怎么想的？他们的心情怎么样呢？

（2）再结合图片，帮助幼儿感受明明守信用给别人带来的愉快情绪。

提问：明明最后有没有遵守约定？他用什么办法遵守约定？明明遵守约定，小伙伴的心情又是怎样的呢？

3. 小结：答应别人的事，就要做到。这就是遵守约定，遵守约定就是守信用。

三、创设情境，明辨是非。

1. 观看情境表演一。

（1）内容：红红答应妈妈上街不乱买东西，可是到商店，看见了漂亮的布娃娃，非要妈妈买，不买就大哭大闹。

（2）讨论：小朋友这样做对吗？为什么？应该怎样做？

2. 观看情境表演二。

（1）内容：花花答应丽丽带《十万个为什么》给丽丽看，第二天就带来给丽丽看了。

（2）讨论：小朋友做得好吗？为什么？

3. 讨论：怎么做才是守信用的好孩子？为什么？

四、联系生活，引导做人。

1. 引导语：你知道生活中谁是守信用的人吗？他们是怎么做的？

2. 引导幼儿与同伴自由讲述。

3. 小结：生活中我们都喜欢守信用的人，所

幼儿理解“守信用”对人际交往的重要性。

如果这些“情境”是幼儿自己的生活，那效果就会更好，可以较好地体现教育与生活的密切联系，实现“在生活中教育，在教育中生活”。

“联系生活”不仅要关注周边人，更应该联系幼儿自己的生活，建议活动中组织幼儿说一说、想一想自己有没有守信用，以后要如何做

以我们要做守信用的人，答应别人的事就要做到， 一个守信用的人。如果不小心忘记了约定要及时向对方道歉，争取别人的原谅，这样大家才能快乐相处。

活动延伸

生活活动：日常生活中发现幼儿守信用的事例，应及时给予鼓励与表扬；守信用教育应渗透于幼儿一日生活中。

（曹桂莲批注）

做个守信用的孩子（修订后计划）

活动目标

1. 知道答应别人的事应该做到，懂得守信用对交往的重要性。

2. 初步形成守信用的意识，学习做一个守信用的人。

活动准备

1. 经验准备：引导幼儿在平时收集身边守信用的故事，并连贯讲述。

2. 物质准备：动物指偶、课件、视频文件。

3. 资源利用：事先请幼儿排练好情境表演“约定”。

活动过程

一、情境导入，激发兴趣。

1. 情境表演：小狗乐乐因小兔明明没有按约定一起去探望小花猫而哭。

2. 提问：刚才小狗乐乐为什么哭？

二、欣赏故事，初步感受。

1. 教师结合动物指偶讲述故事《约定》，引导幼儿初步了解故事大意。

提问：老师的故事讲完了，请问故事里有谁？他们之间发生了什么事情？（故事里有小兔明明、小狗乐乐、小花猫、明明的妈妈，发生了一件让小狗乐乐不开心的事情——小兔明明没有遵守约定。）

2. 利用课件进一步欣赏故事，帮助幼儿理解守信用的含义和重要性。

（1）引导语：这个故事到底发生了什么事情，我们跟着图片再看一看。

（2）结合图片，引导幼儿理解明明不守信用给别人带来的不愉快。

提问：明明答应小伙伴什么事情？他做到了吗？乐乐是怎么想的？他的

心情怎么样呢？

（3）结合图片，帮助幼儿感受明明守信用给别人带来的愉快情绪。

提问：明明最后有没有遵守约定？他用什么办法遵守约定？明明遵守约定，小伙伴的心情又是怎样的呢？

3. 师幼共同小结：这个故事告诉我们答应别人的事一定要做到，我们要做一个守信用的好孩子。如果答应别人的事情没有做到，别人就会不开心；答应的事情做到了，大家就会开开心心。

三、观看视频，深入理解。

1. 观看视频（两段视频均是个别幼儿自己的生活）。

（1）视频一：红红答应妈妈上街不乱买东西，可是到商店，看见了漂亮的布娃娃，非要妈妈买，不买就大哭大闹。

（2）视频二：花花答应丽丽带《十万个为什么》给丽丽看，第二天就带来给丽丽看了。

2. 交流讨论看完视频的感受。

提问：你们喜欢谁？为什么？（红红这样做不对，她没有遵守和妈妈的约定，答应别人的事情没做到。花花做得很好，因为她遵守约定把书借给丽丽看，是个守信用的好孩子，这样子她可以交到许多好朋友。）

3. 经验总结。

（1）提问：怎么做才是守信用的好孩子？

（2）师幼小结：在生活和学习中我们要做一个守信用的好孩子，做到答应别人的事情要做到并且要做得好。如果别人要求我们做的事情，我们可能没有办法做到，就不要轻易答应，否则会让别人感觉到失望。

四、联系生活，学做守信用的人。

1. 组织幼儿说一说生活中守信用的人。

（1）和同伴自由交流。

引导语：接下来，请小朋友跟同伴说一说生活中你所知道的守信用的人，他们是怎么做的，也可以说一说你是怎么守信用的。

（2）集中交流。

引导语：现在，老师要请个别小朋友和大家说一说生活中他所知道的守信用的人，或者说一说自己是怎么守信用的。

2. 组织幼儿想一想、说一说自己以后要如何做一个守信用的人。

(1) 引导语：刚才小朋友们听了也说了别人的故事，现在请小朋友想一想、说一说自己以后要如何做一个守信用的人。

(2) 小结：生活中，我们都喜欢守信用的人，所以我们要做守信用的人，答应别人的事就要做到，这样大家相处才会快乐。

活动延伸

1. 生活活动：日常生活中发现幼儿守信用的事例，应及时给予鼓励与表扬。

2. 亲子活动：请家长与幼儿分享一个关于守信用的故事，让幼儿把听到的故事运用绘画的形式表现出来。同时，班级设立一个关于诚信主题的交流栏，让幼儿把作品带到班级，与同伴分享交流。

漂亮的叶子（小班·科学）

活动目标

1. 感知叶子的形状、大小和颜色，比较不同叶子明显的差别。

2. 对叶子产生好奇和兴趣，愿意亲近大自然。

依据《指南》关于3～4岁幼儿认识动植物的目标要求，小班着重点是通过观察感知植物的明显特征及其多样性，以及在观察后进行分类，深化观察的结果。此外，目标还应增加科学探究的表达技能。

活动准备

1. 经验准备：教师事先带幼儿到幼儿园户外捡地上的落叶。

2. 物质准备：各种叶子，教育挂图《漂亮的叶子》，分类篮子（贴上颜色、形状的标记）。

活动过程

一、展示教育挂图《漂亮的叶子》，引导幼儿欣赏各种美丽的叶子。

应是幼儿观察在前，教师引导观察在后。幼儿是通过直接感知、亲身体验和实际操作进行学习的，幼儿观察必须提供实物，让幼儿充分运用多种感官进行，以保证获得真实的体验。

引导语：小朋友们，这是什么？（叶子。）对了，是各种各样的叶子，那现在请你们认真看看这些美丽的叶子。

二、幼儿观察叶子，感知叶子的特征及多样性。

1. 提出要求：①你找到的叶子是什么样子的？像什么？②你找到的叶子是什么颜色的？除了绿色的叶子，还有什么颜色的叶子？③摸一摸不同的叶子，你有什么感觉？④你找到了几种不同的叶子？它们有什么不同？

要求④中比较观察方法的使用超越小班幼儿正常的认知水平，不建议使用这种观察方法。

2. 幼儿交流对叶子的认识。

教师在幼儿观察后不仅要组织幼儿交流，而且还应在幼儿交流的基础上做必要的小结，这样才能帮助幼儿梳理和提升经验。

三、请幼儿根据颜色、形状对叶子进行分类。

1. 按照颜色分类。

(1) 分类要求：今天我们捡了那么多不同的叶子，现在就请小朋友来分一分，先从颜色来，绿色的叶子放在这，棕色的叶子放在这。

这样的分类要求交代不明确，应先出示分类的篮子，并提出明确的分类要求。

(2) 幼儿分类，教师对能力弱的幼儿进行引导。

2. 按照形状分类（方法同上）。

活动延伸

1. 引导幼儿继续观察各种叶子，并按照外形特征进行分类。

2. 开展有关叶子的其他活动，如叶子印画、拼贴等。

（许琼华批注）

漂亮的叶子（修订后计划）

活动目标

1. 感知叶子的外形特征及其多样性，并根据其颜色、形状分类。

2. 能用简单的语言表述对叶子的认识。

3. 对探究叶子产生好奇和兴趣，愿意亲近大自然。

活动准备

1. 经验准备：教师事先带幼儿到幼儿园户外捡地上的落叶。

2. 物质准备：各种叶子，教育挂图《漂亮的叶子》，分类篮子（贴上颜色、形状的标记）。

活动过程

一、出示叶子直接导入，激发兴趣。

引导语：小朋友们，我们一起收集了许多叶子，请大家认真看看叶子的颜色、形状。

二、运用多种感官观察叶子，感知叶子的特征及多样性。

1. 提出要求：①你找到的叶子是什么形状的？像什么？②你找到的叶子

是什么颜色的？除了绿色的叶子，还有什么颜色的叶子？③摸一摸不同的叶子，你有什么感觉？

2. 幼儿自由观察，教师引导幼儿从形状、颜色、触感等方面说说自己的认识。

3. 幼儿交流对叶子的认识。

(1) 请幼儿自由谈论，并在全班发言。

(2) 展示教育挂图《漂亮的叶子》，幼儿欣赏并谈论。

4. 小结：叶子是多种多样的，看起来很漂亮。

三、根据颜色、形状对叶子进行分类。

1. 按照颜色分类。

(1) 出示三个篮子（上有绿、红、黄标记），提出分类要求：把相同颜色的叶子放在一起。

(2) 幼儿分类，教师和幼儿共同检查是不是都分对了，并说说为什么这样分。

2. 按照形状分类（方法同上）。

四、自然结束活动。

活动延伸

1. 引导幼儿继续观察各种叶子，并按照外形特征进行分类。

2. 开展有关叶子的其他活动，如叶子印画、拼贴等。

神奇的盐（中班·科学）

活动目标

1. 能对科学现象产生兴趣，萌发初步的探索欲望。

2. 在实验中发现盐溶解在水里会增加水的浮力，盐越多浮力越大。

3. 乐意用语言表达出所观察到的现象，并愿意和同伴交流。

目标1表述得太笼统，非某一具体活动能达成的，而是科学领域的总目标，建议缩小至与本活动内容契合。目标3中也有情感目标，可与目标1整合起来，使之更加清晰、更有条理。

活动准备

物质准备：一次性透明杯、鹌鹑蛋、筷子、记录纸每人一份，盐每桌两碗，关于死海的三幅图片和视频资料。

活动中还需要幼儿具有相关的经验准备，如幼儿有浮力的相关经验。

活动过程

一、观察讨论，激发兴趣。

1. 引导语：小朋友，不会游泳的人掉进水里会怎么样？会游泳的人躺在水面上不游泳会怎么样？今天老师给小朋友带来了三幅图片，图片上有一种奇怪的现象，你们想看吗？你们在图片里看到了什么？

提问应尽量简洁有效，建议改为：“你们仔细观察，看看图片里发生了什么。”

2. 过渡语：人为什么会浮在水面上不会沉下去呢？你们想不想知道呢？待会儿小朋友自己去试一试，探究一下吧！

问题“你们想不想知道呢？”属于没必要的问题，建议改为：“谁来说说自己的想法？”让幼儿充分表达自己的想法。“待会儿小朋友自己去试一试，探究一下吧！”建议改为：“接下来我们一起来做一个小实验，就能找出原因了，看看是不是和你们的想法一样。”教师留有悬念，让幼儿通过自己的操作来验证想法。

二、操作实验，探究浮力现象。

1. 教师出示水、盐、鹌鹑蛋，引导幼儿观察，并讲解操作方法。

科学活动的核心经验是让幼儿学会发现和探索，在实验的操作环节上尽可能让位于幼儿，幼儿能看到的、能做的，教师不代劳。

引导语：老师给你们每人准备了一份实验材料，里面有一次性透明杯、鹌鹑蛋、筷子、记录纸，现在我把鹌鹑蛋放入水中，你们看看鹌鹑蛋在水中是什么样子的。实验的时候请你们每次加入一勺盐，用筷子轻轻搅拌，看看鹌鹑蛋在水中有什么变化，并把它记录在纸上。

这一环节教师讲得太多了，也过多地示范了实验的操作方法。应请个别幼儿来帮忙操作，多给幼儿观察和发现的机会，同时加深幼儿对实验操作方法的理解，为接下来幼儿自己操作打下基础。

2. 教师介绍并讲解记录表的使用方法：用数字或符号记录用盐数量，观察并画出鹌鹑蛋在水中的位置。

3. 提出实验要求。

（1）轻轻放入鹌鹑蛋并轻轻搅拌水，直到盐完全溶解在水中。

（2）保持桌面整洁，不将水和盐洒在桌上和衣服上。

（3）认真观察并做记录。

教师已然全盘告诉幼儿如何做，幼儿在活动中的主体性无法突显。这一环节也建议让幼儿来说说如何记录、如何观察。不应该过分关注幼儿实验的结果，懂得如何进行实验才是幼儿需要获得的能力。

4. 幼儿操作，教师指导。重点指导幼儿观察鹌鹑蛋在水中的位置变化并记录。

5. 实验后组织幼儿讨论、交流：鹌鹑蛋怎么样了？为什么它能浮在水面上？鹌鹑蛋在水中有什么变化？你用了几勺盐让鹌鹑蛋浮起来？

建议补充：“讨论：为什么会有这样的变化呢？”

6. 小结：清水的浮力很小，没有力量托起鹌鹑蛋，慢慢加入越来越多的盐，水的浮力就越来越大，直到鹌鹑蛋浮在水面上。我们把这一现象叫作“浮力”，这也说明盐越多浮力越大。

三、观看视频《死海的秘密》，了解死海的秘密。

1. 组织幼儿观看视频：现在我们一起来观看一段视频，看看里面有什么神奇的现象。

2. 讨论：为什么人在死海里会浮起来，不会沉下去？

3. 小结：原来死海不是普通的大海，它的含盐量比普通的海水高六七倍。水里的盐分越多，浮力就越大，所以人可以躺在水面上。死海让人漂浮的原因还不止这一个，有兴趣的小朋友还可以去发现它的更多秘密。

4. 让幼儿说说在哪里见过浮力现象，进一步激发幼儿的探究欲望。

活动延伸

把实验材料继续投放在科学区，引导幼儿实验。让幼儿与家长一起探究有关浮力现象，并了解浮力在生活中的作用。

（叶惠玲批注）

神奇的盐（修订后计划）

活动目标

1. 乐于尝试、探究，发现盐溶解在水里会增加水的浮力，盐越多，水的浮力越大。

2. 能运用表格和符号记录探究的过程和结果，大胆和同伴交流所观察到的现象。

活动准备

1. 经验准备：幼儿有浮力的相关经验。

2. 物质准备：一次性透明杯、鹌鹑蛋、筷子、记录纸每人一份，盐每桌两碗，关于死海的三幅图片和视频资料。

活动过程

一、观察讨论，激发兴趣。

1. 引导语：小朋友，不会游泳的人掉进水里会怎么样？会游泳的人躺在水面上不游泳会怎么样？今天老师给小朋友带来了三幅图片，图片上有一种奇怪的现象，你们仔细观察，看看图片里发生了什么。

2. 过渡语：人为什么会浮在水面上不会沉下去呢？谁来说说自己的想法？接下来我们一起来做一个小实验，就能找出原因了，看看是不是和你们的想法一样。

二、操作实验，探究盐越多水的浮力越大的现象。

1. 出示水、盐、鹌鹑蛋，引导幼儿观察，认识操作材料。

引导语：老师给你们每人准备了一份实验材料，里面有一次性透明杯、鹌鹑蛋、筷子、记录纸。

2. 猜想与记录。

引导语：如果鹌鹑蛋放入水中，鹌鹑蛋会沉在水里还是浮出水面呢？接下来再请你们每次加入一勺盐，用筷子轻轻搅拌，看看鹌鹑蛋在水中的位置有什么变化，并把它记录在纸上。

3. 引导幼儿认识记录表的使用方法。

（1）引导语：要怎么记录自己用了多少勺盐呢？鹌鹑蛋在水中的位置该怎么观察和记录呢？

（2）根据幼儿的讨论，小结：可以用数字或符号记录用盐数量，观察并画出鹌鹑蛋在水中的位置。

4. 提出实验要求。

（1）轻轻放入鹌鹑蛋并轻轻搅拌水，直到盐完全溶解在水中。

（2）保持桌面整洁，不将水和盐洒在桌上和衣服上。

（3）认真观察并做记录。

5. 幼儿操作，教师指导。

重点指导幼儿观察鹌鹑蛋在水中的位置变化并记录。

三、分享交流实验过程和结果。

1. 引导语：谁能来告诉大家你的记录结果？鹌鹑蛋在水中的位置有变化吗？发生了什么变化呢？

2. 讨论：为什么会有这样的变化呢?

3. 小结：清水的浮力很小，没有力量托起鹌鹑蛋，慢慢加入越来越多的盐，水的浮力越来越大，最后让鹌鹑蛋浮在水面上。我们把这一现象叫作“浮力”，这也说明盐越多，水的浮力越大。

四、观看视频《死海的秘密》，了解死海的秘密。

1. 组织幼儿观看视频：现在我们一起来观看一段视频，看看里面有什么神奇的现象。

2. 讨论：为什么人在死海里会浮起来，不会沉下去?

3. 小结：原来死海不是普通的大海，它的含盐量比普通的海水要高六七倍。水里的盐分越多，浮力就越大，所以人可以躺在水面上。死海让人漂浮的原因还不止这一个，有兴趣的小朋友还可以去发现它的更多秘密。

4. 让幼儿说说在哪里见过浮力现象，进一步激发幼儿的探究欲望。

活动延伸

1. 区域活动：把实验材料继续投放在科学区，引导幼儿实验。

2. 亲子活动：让幼儿与家长一起探究有关浮力的现象，并了解浮力在生活中的作用。

神奇的气泡（中班·科学）

从活动目标和实际活动过程来看，该活动名称改为“自制碳酸饮料”更贴切。

活动目标

1. 感知二氧化碳气泡的产生过程，体验操作、探索、发现的乐趣。

2. 能仔细观察和记录，并用清晰的语言表述实验结果。

3. 初步了解饮用碳酸饮料对身体的危害。

本活动目标存在的问题：一是目标1将认知与情感混合起来表述，不适宜，应从认知、能力、情感三维度来展开；二是目标1的认知部分与目标3都属于认知目标，应合并起来表述，即“感知碳酸饮料的制作方法，初步了解过多饮用碳酸饮料对身体的危害”。目标1的情感目标单独成一点，即“体验操作、探索、发现的乐趣”。

活动准备

1. 经验准备：幼儿事先了解了空气中二氧化碳气体的存在。

2. 物质准备：人手一杯白醋、一杯水、若干小苏打片，记录表、笔，鹌鹑蛋一个，碳酸饮料一瓶。

活动过程

本活动过程存在的最大问题是没有选用与本活动内容性质最适宜的形式，无视幼儿原有经验。

一、感知实验材料。

直接用“感知实验材料”导入活动会显得比较唐突，还是应保持导入环节，并考虑好具体的导入方式，如：“出示碳酸饮料，谈话导入，激发兴趣。”

1. 引导语：猜一猜、看一看、闻一闻、摸一摸杯子和盘子里装的分别是什么。

2. 小结：1号杯子里装的是我们生活中常用到的水，2号杯子里装的是闻起来酸酸的白醋，盘子里的小药片叫小苏打。

二、幼儿探究：感知气泡的产生。

1. 第一次实验。

本活动的幼儿探究没有必要分两次实验，可以直接遵循探究的步骤设计实验环节，如“猜想、记录→操作、验证→讨论、交流→形成解释”。

（1）引导语：把它们放在一起会发生什么变化？

（2）幼儿猜想、记录并操作，探索将小苏打放入水中会发生什么现象。

(3) 幼儿交流后教师小结：将小苏打放入水中不能溶解。

2. 第二次实验。

(1) 幼儿猜想、记录并操作，探索将小苏打放入醋中会发生什么现象。

(2) 幼儿交流后教师小结：将小苏打放入水中没有产生任何变化，放入醋里会溶解并产生气泡，这种气体叫二氧化碳。

三、观看教师实验，了解二氧化碳气泡在生活中的危害。

表述有误，应是“初步了解饮用碳酸饮料对身体的危害”。

1. 引导语：在生活中，人们用二氧化碳气体做了什么？

引导语与活动目标关系不大，建议改为：“小朋友，你知道经常喝碳酸饮料有什么害处吗？”

2. 引导语：老师将鹌鹑蛋放入二氧化碳气体中，请你们看看有什么现象产生。

3. 小结：人们利用二氧化碳气体做出了好喝的饮料，如可乐、雪碧等。但是经常喝碳酸饮料容易引起肚子胀、缺钙，对牙齿也不好。因此，小朋友不能多喝。

活动延伸

引导幼儿在区域中继续探索，并进一步了解饮用碳酸饮料对身体的危害。

(许琼华批注)

自制碳酸饮料（修订后计划）

活动目标

1. 感知碳酸饮料的制作方法，初步了解过多饮用碳酸饮料对身体的危害。
2. 能仔细观察和记录，并用清晰的语言表述实验结果。
3. 体验操作、探索、发现的乐趣。

活动准备

1. 经验准备：幼儿事先了解了空气中二氧化碳气体的存在。

2. 物质准备：人手一杯白醋、一杯水、若干小苏打片，记录表、笔人手一份，碳酸饮料一瓶，鹌鹑蛋一个。

活动过程

一、出示碳酸饮料，谈话导入，激发兴趣。

引导语：小朋友，你们喝过碳酸饮料吗？打开瓶盖时会出现什么情况？

二、运用多种感官，感知实验材料。

1. 引导语：请你们看一看、闻一闻、摸一摸、猜一猜杯子和盘子里装的分别是什么。

2. 小结：1号杯子里装的是我们生活中常用到的水，2号杯子里装的是闻起来酸酸的白醋，盘子里的小药片叫小苏打。

三、制作饮料，探索、发现气泡的产生。

1. 出示记录表，幼儿猜想、记录。

引导语：如果把小苏打放入水中和放进醋里，可能会发生什么变化？

2. 提出要求，幼儿操作、验证。

引导语：请你们仔细观察实验现象，做好记录；和旁边的小朋友交流自己的发现。

3. 师幼小结：将小苏打放入水中不能溶解，将小苏打放入白醋里会溶解并产生许多气泡。气泡里面就是二氧化碳气体。碳酸饮料就是这样做出来的。

四、观看教师实验，初步了解饮用碳酸饮料对身体的危害。

1. 引导语：小朋友，你知道经常喝碳酸饮料有什么害处吗？

2. 引导语：老师将鹌鹑蛋放入二氧化碳气体中，请你们看看会发生什么现象。

3. 小结：人们利用二氧化碳气体做出了好喝的饮料，如可乐、雪碧等。但是经常喝碳酸饮料容易引起肚子胀、缺钙，对牙齿也不好。因此，小朋友不能多喝。

五、在教师小结中结束活动。

活动延伸

引导幼儿区域中继续探索，并进一步了解饮用碳酸饮料对身体的危害。

猫和老鼠（小班·音乐）

活动目标

1. 在感受音乐旋律的基础上，根据音乐信号的变化做出相应的反应。

2. 尝试运用身边的辅助物进行躲藏，并且保持安静。

3. 能够遵守游戏规则，体验与同伴一起玩音乐游戏的乐趣。

目标2在活动过程中未能很好地体现，仅在游戏环节提及可以拿东西躲藏。若要保留目标2，建议在游戏环节加入相关内容，让幼儿能够发现可以利用身边的事物来躲藏。

活动准备

1. 经验准备：幼儿已了解猫和老鼠之间的关系。

2. 物质准备：香肠一根、老鼠头饰、老猫头饰，方框、纸板等游戏辅助物，音乐《小老鼠上灯台》《猫和老鼠》《找朋友》。

3. 环境创设：创设房子、桌子、沙发等情境。

活动过程

一、教师以鼠妈妈的身份带领幼儿随音乐《小老鼠上灯台》律动入室。

1. “鼠妈妈”带领“小老鼠”们随音乐出“洞”活动。

2. 请幼儿在“洞”口找个位置轻轻地坐下。

二、谈话引入主题，激发幼儿的游戏兴趣。

1. 教师出示小香肠，与幼儿进行谈话。

2. 与幼儿一起商量如何到“老猫家”取回香肠。

三、完整欣赏音乐，初步听辨不同的音乐信号。

1. 请幼儿完整欣赏音乐，引导幼儿听不同的音乐信号做出相应的反应。

欣赏音乐后不要急于让幼儿做出相应的反应，可让

2. 引导幼儿发现周围可以躲藏的地方。

幼儿先感受音乐，说一说哪一段音乐可能发生了什么事情，然后再让幼儿根据不同的音乐信号做出相应的反应。

四、幼儿游戏：猫和老鼠。

这一环节是音乐游戏最主要的部分，建议可以变换着形式玩几遍，三四遍均可。目标3的“能够遵守游戏规则”主要在这一环节突显出来，游戏的规则可以让幼儿通过感受、探索获得，教师未必要事先全部告知。

1. 第一次游戏要求：听到“喵喵喵”的声音时才可以躲起来。

2. 第二次游戏要求：可以拿东西进行躲藏。

这种变化还不够深入，可以增加找好朋友结伴进行躲藏、不发出声音躲藏等。

五、复习歌曲《找朋友》。

放在这儿显得突兀。建议删除。

六、“鼠妈妈”带“小老鼠”们回家吃早餐，结束活动。

(叶惠玲批注)

猫和老鼠（修订后计划）

活动目标

1. 在感受音乐旋律的基础上，根据音乐信号的变化做出相应的反应。

2. 尝试利用身边的辅助物进行躲藏，并且保持安静。

3. 能够遵守游戏规则，体验与同伴一起玩音乐游戏的乐趣。

活动准备

1. 经验准备：幼儿已了解猫和老鼠之间的关系。

2. 物质准备：香肠一根、老鼠头饰、老猫头饰，方框、纸板等游戏辅助物，音乐《小老鼠上灯台》《猫和老鼠》。

3. 环境创设：创设房子、桌子、沙发等情境。

活动过程

一、以鼠妈妈的身份带领幼儿随音乐《小老鼠上灯台》律动入室。

1.“鼠妈妈”带领“小老鼠”们随音乐出“洞”活动。

2.请幼儿在“洞”口找个位置轻轻地坐下。

二、谈话引入主题，激发幼儿的游戏兴趣。

1.出示小香肠，与幼儿进行谈话。

2.与幼儿一起商量如何到“老猫家”取回香肠。

三、引导幼儿完整欣赏音乐，初步听辨不同的音乐信号。

1.幼儿完整欣赏音乐，用自己的感受说一说音乐里可能发生了什么事。

2.分段欣赏音乐，引导幼儿听不同的音乐信号做出相应的反应。

3.引导幼儿发现周围可以躲藏的地方。

四、组织幼儿游戏：猫和老鼠。

1.第一次游戏要求：听到“喵喵喵”的声音时才可以躲起来。

2.游戏反思，巩固游戏规则：为什么有的“小老鼠”被抓到了?

3.第二次游戏要求：可以拿东西躲藏。

4.第三次游戏要求：不发出声音躲藏。

5.第四次游戏要求：找朋友结伴躲藏。

五、“鼠妈妈”带“小老鼠”们回家吃早餐，结束活动。

扮　家　家（小班·音乐）

活动目标

1. 感受歌曲活泼欢快的情绪及说唱的情趣。

2. 大方自然地演唱歌曲，尝试随音乐合拍地表演。

活动目标缺少情感态度类目标，建议增加目标3“体验参与游戏化音乐活动的乐趣”。

活动准备

1. 物质准备：歌曲图谱。

2. 环境创设：在教室里布置一个娃娃家。

游戏化歌唱活动，可以让幼儿模仿炒菜的情景。建议增加“幼儿人手一只锅和一把铲子”。

活动过程

一、师幼练声《我爱我的小动物》。

导入环节和活动内容不匹配。建议改为：“以‘做客’的情境引入活动，激发幼儿的兴趣。”《我爱我的小动物》改为《小门铃》。

二、欣赏情境表演，感受歌曲的情绪、内容。

1. 完整欣赏，感受歌曲的情绪、内容。

提问：歌曲的名字叫什么？“我”在做什么？

2. 再次欣赏，引导幼儿感受“$\underline{××}$ × | $\underline{××}$ × | $\underline{××}$ $\underline{××}$ | $\underline{××}$ × |”的说唱节奏并尝试表现。

引导语：妈妈炒了什么菜？请你也来炒一炒。

问题设计的目标性不强，炒什么菜不重要，教师应通过提问将幼儿的关注点引导到“欣赏、感受炒菜的动作节奏”上，而不是误导幼儿去关注生活问题，即“炒了什么菜”。建议改为：“‘妈妈’是怎样炒菜的？”

3. 按节奏边做动作边朗诵歌词。

引导语：请你用好听的声音边做动作边朗诵歌词。

三、幼儿扮演角色，在游戏中学习演唱歌曲。

1. 第一遍：跟着教师完整演唱。

2. 第二遍：要求幼儿唱准说唱部分。

3. 第三遍：有表情地演唱歌曲。

四、以“厨艺大比拼”的形式，鼓励幼儿大胆表现歌曲。

1. 幼儿自由组合队伍，逐一表演歌曲。

即使是在教师的指导下

2. 教师鼓励幼儿尝试大胆表现歌曲。

五、活动自然结束。

要求幼儿自由组合队伍，这对小班幼儿来讲也还是很有难度。建议改为按小组分成五个家庭并命名，以增加活动的趣味性，最后评出“最佳厨艺家庭”，让幼儿在快乐的气氛中结束活动。

活动资料

扮　家　家（歌曲）

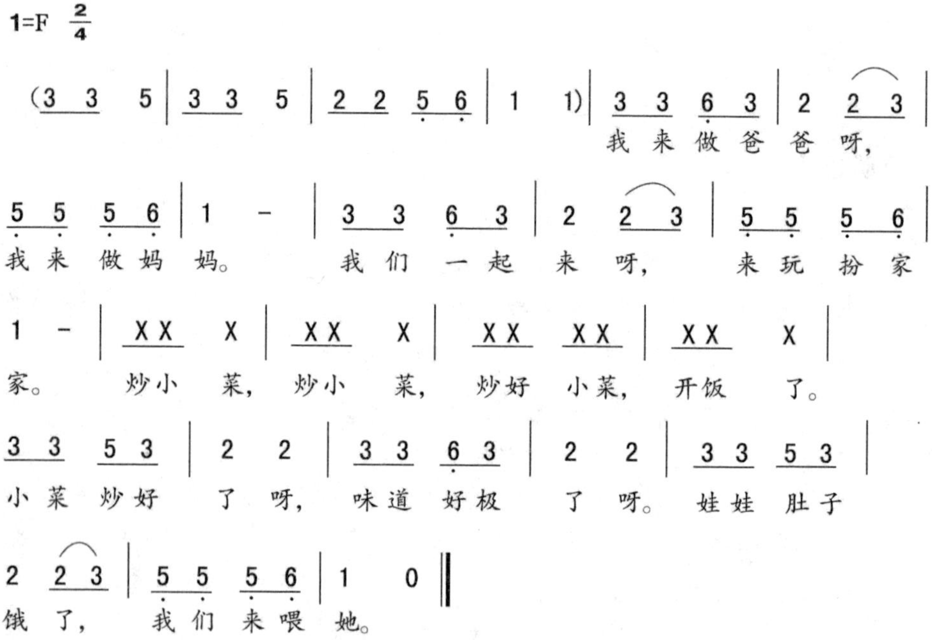

（刘志清批注）

扮　家　家（修订后计划）

活动目标

1. 感受歌曲活泼欢快的情绪及说唱的情趣。
2. 大方自然地演唱歌曲，尝试随音乐节拍进行动作表演。
3. 体验参与游戏化音乐活动的乐趣。

活动准备

1. 经验准备：幼儿已学过歌曲《小门铃》。

2. 物质准备：爸爸或妈妈装扮各一套，幼儿人手一只锅和一把铲子，音乐《小门铃》《扮家家》，节奏图谱等。

3. 环境创设：创设“娃娃家”情境。

活动过程

一、以“做客”的情境引入活动，激发幼儿的兴趣。

引入语：今天，老师邀请大家去我家做客，我们一起按响门铃吧！

二、复习歌曲《小门铃》，要求幼儿有表情地演唱。

三、引导幼儿欣赏情境表演，感受歌曲的情绪、内容。

1. 完整欣赏，感受歌曲的情绪、内容。

提问：歌曲的名字是什么？“我”扮演谁？“我”在做什么？

2. 再次欣赏，感受“××× | ××× | ×××× | ××× |”的说唱节奏并尝试表现。

(1) 提问：“妈妈”是怎样炒菜的？你能来做一做吗？

(2) 幼儿按节奏模仿炒菜（说唱部分）。

3. 按节奏边做动作边朗诵歌词。

四、组织幼儿扮演角色，在游戏中学习演唱歌曲。

1. 第一遍：幼儿跟着教师完整演唱。

2. 第二遍：要求幼儿唱准说唱部分。

3. 第三遍：要求幼儿有表情地表演歌曲。

五、以“厨技大比拼”的形式，鼓励幼儿大胆表现歌曲。

1. 提出活动主题，幼儿按小组分为五个家庭，并命名。

2. 每个家庭逐一表演歌曲，师幼评价。

3. 评出“最佳厨艺家庭”。

六、活动自然结束。

小小蛋儿把门开（小班·音乐）

活动目标

1. 能感受歌曲欢快的节奏，理解形象有趣的歌词。

2. 用自然、欢快的声音演唱歌曲。

3. 在音乐中体验歌唱活动带来的快乐。

在幼儿学唱歌曲之前，引导幼儿欣赏歌曲是非常重要的，这样做能较好地支持幼儿富有感情地演唱歌曲、大胆表达自己的感受。因此，目标1、目标2的表述建议增加“欣赏歌曲”“大胆表达”等词语。

活动准备

1. 经验准备：幼儿了解动物下蛋和孵蛋的知识，了解相关的词汇，了解小鸡出壳的知识。

2. 物质准备：毛绒鸡娃娃，有门的大鸡蛋道具，小鸡挂牌若干。

活动过程

一、利用动物图片进行声音练习。

1. 引导语：我们今天一起到农场去逛逛吧！农场里这是谁？

2. 引导语：你知道它平时是怎么叫的吗？谁试一试？老师看看哪个学得比较像。那老师现在要学习一个很厉害的叫声，看看谁能跟上我的节奏。（在练习中将歌曲的难点带入。）

如果确实需要，建议以“模仿小动物叫的游戏”导入，可以用歌曲中“叽叽 叽叽 | 叽叽 叽叽”的节奏唱出来。

活动一开始就进入“难点”是一种非常危险的处理方式：一是有可能因幼儿还没有做认知上的热身活动，在此出现卡壳现象，费时太多，环节推进不顺畅；二是有可能给幼儿学习本活动内容带来畏难情绪，影响学习信心。

二、出示“大鸡蛋”，激发学习兴趣。

1. 引导语：你们看，这是……谁来猜一猜蛋里面是什么？

2. 过渡语：今天小鸡想和我们一起唱歌，可

建议改为：“观看小鸡出壳视频与图片，梳理相关经验并激发活动兴趣。”本活动虽是歌唱活动，但可以渗透

是它还在蛋里没出来，我们一起来叫它出来吧。

科学知识，同时也有助于幼儿理解歌词。

“创设形象的情境”很好，符合小班幼儿的学习特点。从活动整体设计来看，这一环节不仅要学习歌词，更要引导幼儿欣赏歌曲。

三、创设情境，理解并学习歌词。

1. 引导语：这个蛋这里有个门，我们把小手伸出来，一起敲门，把小鸡喊出来吧！“小小蛋儿把门开，开出一只小鸡来。”

2. 引导语：小鸡终于出来了，这只小鸡长得怎么样呢？你们伸手摸一摸，它长得“毛茸茸呀，胖乎乎”。

3. 引导语：小鸡准备和我们一起唱歌了，你们知道小鸡是怎么唱的吗？谁来学一学？我们一起来变身成小鸡学一学吧！“叽叽叽叽叽叽叽叽，唱起来。”

四、结合动作表演，初步学唱歌曲。

1. 教师完整地清唱歌曲，幼儿小声跟唱。

（1）引导语：小鸡今天要和我们一起学习一首新歌，叫作《小小蛋儿把门开》，先一起来听一听吧，会唱的可以一起小声地唱哦！（教师边范唱边进行简单的动作表演，有利于幼儿巩固歌词的学习。）

（2）引导语：老师唱完了，谁来说说刚才听的时候你觉得这首歌的节奏怎么样？（欢快、活泼。）

2. 幼儿尝试完整地跟唱歌曲。

引导语：这首歌这么好听，老师想请会唱的小朋友跟着老师一起大声地清唱，还不熟悉的小朋友小声地跟唱，一起学一学，注意要用欢快的声音哦！

3. 幼儿能合着旋律唱准音。

引导语：刚才听到大家的声音都很棒，那么现在我们全班都来变成小鸡，跟着伴奏，完整地演唱一唱这首歌曲吧。

五、通过小组、个人等形式鼓励幼儿表演歌

此环节以多种形式表演

曲，体验歌唱乐趣。

1. 引导语：老师这里有一些小鸡的挂牌，谁想来戴上它为我们表演一下这首歌曲呢？戴上小鸡的牌子你就要变成可爱的小鸡，一起跟着老师的伴奏为小朋友表演一下。

2. 小结：我们班的“小鸡”们真是太可爱了，今天回家也可以为爸爸妈妈演唱这首歌哦！

歌曲，较为单调，可以“分角色玩游戏”的形式让幼儿学习歌曲。游戏在教育活动中有着独特的魅力，尤其是在小班，这样开展活动，既可以支持幼儿体验游戏的快乐，又可以达到让幼儿继续练习演唱歌曲的目的。然而，这一环节的设计需要细化为几个小步骤：第一，教师当鸡妈妈，请个别幼儿当鸡宝宝，示范游戏玩法；第二，所有幼儿当鸡妈妈，教师当鸡宝宝，再次示范游戏玩法；第三，教师当鸡妈妈，所有幼儿当鸡宝宝，组织幼儿游戏；第四，女孩当鸡妈妈，男孩当鸡宝宝，组织幼儿游戏，如果幼儿感兴趣，可以互换角色再来一次。

活动资料

小小蛋儿把门开（歌曲）

1＝E $\frac{2}{4}$

陈镒康 词
王志刚 曲

（曹桂莲批注）

小小蛋儿把门开（修订后计划）

活动目标

1. 欣赏歌曲，感受歌曲欢快的节奏和快乐温馨的意境。

2. 尝试用自然、欢快的声音演唱歌曲，大胆表达自己的感受。

3. 积极参与歌唱活动，体验歌唱小鸡出壳带来的乐趣。

活动准备

1. 经验准备：幼儿了解小鸡出壳、动物下蛋和孵蛋的相关知识，学习过词语“毛茸茸”“胖乎乎”。

2. 物质准备：毛绒鸡娃娃，有门的大鸡蛋道具，小鸡成长过程的简单视频与图片，音乐《小小蛋儿把门开》。

活动过程

一、观看小鸡出壳的视频与图片，梳理相关经验并激发活动兴趣。

1. 出示大鸡蛋图片并提问。

提问：这是什么？有没有小动物住在里面呢？

2. 播放小鸡出壳的视频。

引导语：看完视频后，谁能说说小鸡是怎么出来的？刚出生的小鸡是什么样的？

二、结合情境欣赏歌曲，初步感受歌曲、理解歌词。

1. 创设“有门的大鸡蛋后藏着毛茸茸的鸡宝宝”情境，教师完整演唱歌曲（边唱边做动作），幼儿完整欣赏歌曲。

2. 引导幼儿说一说歌曲里面唱的歌词，然后引导幼儿有节奏地说唱歌词。

3. 教师再次完整演唱，幼儿进一步欣赏。

三、结合情境学唱歌曲，学习用自然、欢快的歌声和简单动作进行表现。

1. 结合简单动作，教师带唱，鼓励幼儿尝试跟唱歌曲。

2. 请不同幼儿上前“开门”请出“鸡宝宝”（“有门的大鸡蛋后藏着毛茸茸的鸡宝宝”情境），引导幼儿试唱歌曲。

四、玩“小鸡出壳”角色游戏，体验歌唱小鸡出壳带来的快乐。

1. 教师创设情境，与个别幼儿示范游戏玩法。

(1) 引导语：有一个勤劳的鸡妈妈和一群可爱的鸡宝宝天天快快乐乐地

生活在一起。有一天，出门的鸡妈妈回来啦，可是小鸡们躲在家里睡觉，鸡妈妈想用好听的歌声来叫醒小鸡们。现在，老师当鸡妈妈，谁愿意当鸡宝宝呢？

（2）过渡语：现在，请这几个“鸡宝宝”在“大鸡蛋”后面蹲下来睡觉，“鸡妈妈”用好听的声音唱歌，“鸡宝宝”们听到“叽叽 叽叽 | 叽叽 叽叽”的时候就可以站起来找“鸡妈妈”啦！

2. 第一次游戏：所有幼儿当鸡妈妈，教师当鸡宝宝。

3. 第二次游戏：教师当鸡妈妈，所有幼儿当鸡宝宝。

4. 第三次游戏：女孩当鸡妈妈，男孩当鸡宝宝。

5. 第四次游戏：男孩当鸡妈妈，女孩当鸡宝宝（视情况决定是否组织）。

五、以“说明后续活动安排”的形式结束活动。

引导语：看宝贝们这么投入，老师知道你们喜欢这个游戏。活动结束后，请你们将这个“大鸡蛋”搬到音乐表演区，可以继续在那里玩。

活动延伸

1. 歌唱活动：属于蛋孵化出来的动物很多，可以引导幼儿改编歌词，继续演唱歌曲。

2. 区域活动：师幼共同准备其他道具和服饰，引导幼儿在音乐表演区继续创造性地演唱《小小蛋儿把门开》。

小星星变奏曲（中班·音乐）

活动目标

1. 感受乐曲的旋律，初步感知 4/4 拍的音乐节奏。

2. 尝试根据音乐的旋律创编肢体动作，并将身体动作转换成用道具操作来演绎音乐节奏和情绪。

> 目标 2 表述不够清晰。建议将目标 2 分为两个：“2. 尝试根据音乐的旋律创编肢体动作表现《小星星变奏曲》。3. 体验用道具操作来演绎音乐节奏和情绪的乐趣。”

活动准备

物质准备：大星星一颗，激光笔人手一支，音乐《小星星变奏曲》。

活动过程

一、观看“星星”表演，完整欣赏音乐。

> 环节一的标题无法涵盖以下小标题的内容，建议拆分成两大环节来处理，即：“一、出示大星星，以故事引入活动。”“二、观看‘星星’表演，完整欣赏音乐。”

1. 引导语：小星星特别想变成流星，星星妈妈说：“要有本领才行呀！第一天，要会眨眼睛；第二天，跳四个圈圈舞；第三天，流了好多的汗要洗洗澡，变得香香的；第四天变成流星。”我们一起看看星星宝宝是怎样变成流星的。

2. 教师随着音乐用手电筒往墙壁打光，幼儿整体欣赏音乐。

提问：星星宝宝是怎样变成流星的？

二、幼儿用肢体演绎音乐，分段感受音乐。

> 音乐活动应是感受欣赏在先，表现在后，而且应安排足够的时间让幼儿去亲身感受，唯有体验深刻，表现才能生动流畅且多样。此环节建议改为：“分段欣赏音乐，感知 4/4 拍的音乐节奏，并尝试用肢体动作表现。”

1. 引导语：来，我们一起学星星宝宝练本领。先来听听第一段音乐。

2. 幼儿欣赏第一段音乐，有节奏地创编“眨眼睛”动作。

引导语：听了这段音乐，你们感觉星星在做什么？你们能跟着音乐的节奏用动作来表现一下吗？还有谁跟他是不一样的？那除了可以朝这个方向眨，还可以朝哪里眨？很好，那现在我们这些星星宝宝跟着音乐来眨眨眼睛吧！

3. 幼儿欣赏第二段音乐，有节奏地创编“转圈”动作。

引导语：听完这段音乐，你们感觉这颗开心的星星宝宝在做什么？你们为什么感觉他像在跳“圈圈舞”呢？对了，星星宝宝跳起了非常优美的“圈圈舞”，那你们可以跟着音乐有节奏地用优美的动作来表现吗？

（1）引导幼儿运用身体的各个部位创编“圈圈舞”。

引导语：除了××会转，还有哪个部位会转？好，你来试试。很好，星星宝宝在转圈圈的时候，他还会停，你们能停住吗？我们一起跟着音乐来试试，先考虑下要从哪里开始转哦！

（2）引导幼儿跟着音乐的节奏创编四个不同的“圈圈舞”。

引导语：好的，我们都会跳“圈圈舞”了，这次我来考考你们，你们转了几个圈圈？四个，对了，四个不一样的哦，现在我是星星妈妈，我要来看看哪个星星宝宝跳得最棒，四个都不一样。星星宝宝准备好了吗？

4. 幼儿欣赏第三段音乐，有节奏地创编“洗澡”动作。

引导语：哇，星星宝宝们跳的“圈圈舞”可真好看，咦，什么味道？我闻闻，哦，星星宝宝们流了好多汗，星星宝宝在做什么？对了，流汗了，我们洗洗澡，要怎么洗身体才会干净？现在让我们跟着音乐的节奏一下一下地洗洗澡吧！

5. 幼儿欣赏第四段音乐，创编“流星”动作。

引导语：星星宝宝练好了本领，听听看他变成了什么。听了这段音乐，你们觉得流星宝宝在天空中做什么呢？哇，星星妈妈太开心了，你们变出了这么多好玩的流星！我们一块配着音乐来试试吧！

三、幼儿和教师表演“小星星变奏曲”，完整演绎音乐。

引导语：星星宝宝们，你们好棒哟，学会了这么多本领，小星星邀请我们一起到天空中玩一次。

四、幼儿操作魔法棒，随音乐节奏表演“星星之舞”。

1. 引导语：刚才，你们都变成了好美的流星，我许了一个愿望，给每人一件神奇的礼物。

2. 教师给每名幼儿发一支激光笔，幼儿操作激光笔表演“星星之舞”。

(1) 学习使用激光笔：你会变出小星星吗？

(2) 随音乐《小星星变奏曲》，师幼用激光笔演绎“星星之舞”。

(3)“流星宝宝”离开活动室。

(刘志清批注)

小星星变奏曲（修订后计划）

活动目标

1. 感受乐曲的旋律，初步感知4/4拍的音乐节奏。

2. 尝试根据音乐的旋律创编肢体动作表现《小星星变奏曲》。

3. 体验用道具操作来演绎音乐节奏和情绪的乐趣。

活动准备

物质准备：大星星一颗，激光笔人手一支，音乐《小星星变奏曲》。

活动过程

一、出示大星星，以故事引入活动。

引导语：小星星特别想变成流星，星星妈妈说：“要有本领才行呀！第一天，要会眨眼睛；第二天，跳四个圈圈舞；第三天，流了好多的汗要洗洗澡，变得香香的；第四天变成流星。”我们一起看看星星宝宝是怎样变成流星的。

二、观看“星星”表演，完整欣赏音乐。

1. 教师借助激光笔演绎“星星”，幼儿边看边欣赏音乐。

2. 提问：星星宝宝是怎样变成流星的？

三、分段欣赏音乐，感知4/4拍的音乐节奏，并尝试用肢体动作表现。

1. 幼儿欣赏第一段音乐，创编“眨眼睛”动作。

(1) 引导语：听了这段音乐，你感觉星星在做什么？

(2) 引导幼儿用动作表现。

引导语：你能跟着音乐的节奏用动作来表现一下吗？星星可以朝哪个方向眨眼睛？很好，那现在我们这些星星宝宝跟着音乐来眨眨眼睛吧！

2. 幼儿欣赏第二段音乐，创编“转圈”动作。

(1) 引导语：这段音乐节奏怎样？这颗开心的星星宝宝在做什么？

(2) 幼儿尝试用身体的各个部位创编“圈圈舞”，随音乐创编四个不同的“圈圈舞”。

3. 幼儿欣赏第三段音乐，创编“洗澡”动作。

(1) 引导语：星星宝宝流汗了，要怎么洗才会干净？

(2) 幼儿跟着音乐的节奏洗洗澡。

4. 幼儿欣赏第四段音乐，创编“流星”动作。

(1) 引导语：星星宝宝变成什么？在天空中做什么呢？

(2) 幼儿随音乐用动作表现“流星”。

四、随音乐完整表演《小星星变奏曲》。

1. 引导语：小星星邀请我们一起到天空中玩一次。

2. 要求幼儿随音乐节奏用肢体动作大胆表现。

五、幼儿操作激光笔，随音乐节奏演绎“星星之舞”。

1. 引导语：刚才，你们都变成了好美的流星，我许了一个愿望，给每人一件神奇的礼物。

2. 教师给每名幼儿发一支激光笔，幼儿操作激光笔表演“星星之舞”。

(1) 引导幼儿学习使用激光笔：你会变出小星星吗？

(2) 随音乐《小星星变奏曲》，师幼用激光笔演绎“星星之舞”。

六、以“流星宝宝”回家自然结束活动。

池塘音乐会（大班·音乐）

活动目标

1. 初步学习铃鼓的敲击方法并随乐曲进行打击乐演奏。

目标 1 的“初步学习”对于大班幼儿来说要求过于简单。

2. 能根据乐曲结构及图谱的变化，讨论、设计打击乐配器方案。

3. 在活动中保持愉悦的情绪，体验集体合作演奏的乐趣。

活动准备

1. 经验准备：幼儿已有集体随乐表演的经验。

2. 物质准备：音乐、节奏卡、图谱、碰铃、铃鼓、响板、手摇铃。

图谱何时呈现、如何呈现，活动过程中并没有明确体现出来，是没有用上图谱还是在活动过程中没有交代清楚？

活动过程

一、随音乐复习表演动作，体验和表现乐曲热闹的气氛。

教师引导幼儿随音乐复习表演萤火虫、荷花、青蛙的动作。

引导语：今天有很多客人老师来大班，我们邀请客人老师一起来参加我们的音乐会。

导入环节的设置偏离主题（即对音乐的感知），以复习表演动作的方式导入，可能会占用过多时间，且将通过动作表演来体验和表现乐曲热闹的气氛放在导入环节，也有可能会误导幼儿将关注点过多地放在动作上，而不在音乐上。建议改为：“欣赏乐曲，初步感受乐曲的形象、节奏。”

二、引导幼儿边看律动动作边拍节奏型。

引导语：小朋友都很厉害，现在我来当演员表演这个节目，你们当观众为我拍节奏。我做一个动作你们就拍一下小手。当老师表演到“荷花开了”你们就和老师一起摇手腕。

三、幼儿分声部练习节奏动作。

可加入幼儿自主分声部这一环节。

1. 教师出示节奏卡哼唱乐曲旋律，并面向不

环节二和环节三都是以

同小组做拍手动作。幼儿学习迅速、准确地对教师的动作暗示做出反应，和教师一起拍节奏。

引导语：现在由老师来唱这首曲子，你们来打节拍。

2. 幼儿根据教师的指挥动作，分声部随音乐拍出节奏型。

引导语：现在我来当指挥，我的手指到哪边，就请哪边的小朋友拍手。

教师为主导居多，让幼儿跟随教师的动作进行模仿来感受音乐，这样幼儿虽然学会了做动作和拍打节奏，却未能主动去感受、理解音乐。建议这一环节尽可能让幼儿参与讨论每一段音乐的节奏是怎么样的，引导幼儿尝试跟随音乐拍节奏，最大限度地发挥幼儿的主动性。

四、出示乐器，引导幼儿一一说出乐器名称并探索配器方案。重点引导幼儿探索铃鼓的敲击方法。

1. 引导语：哇，我们的音乐会可真热闹，有一些新朋友也迫不及待地想加入我们呢！我们一起把它们请出来吧！这些小伙伴也想加入我们的音乐会，但是它们不知道应该和谁一组，我们来帮帮它们。

2. 引导语：萤火虫出来了，一闪一闪，亮晶晶的，哪一种乐器的声音最像萤火虫在闪闪发光呢？荷花慢慢开放了，可以用什么乐器表示？什么声音最像青蛙呱呱叫？小青蛙在荷叶上要用哪一种乐器？铃鼓要用摇的还是敲的？（可以把铃鼓的鼓面当成荷叶，小手当成小青蛙。“小青蛙”在“荷叶”上要轻轻地跳。）

这一部分不错，尽量和幼儿一起讨论，尝试操作幼儿提出的铃鼓敲击方式，最后协商一个大家都满意的方案。铃鼓如何敲击，应多让幼儿去尝试，教师根据幼儿的尝试进行总结，回应活动目标1。

五、幼儿分声部进行乐器表演。

1. 幼儿根据设计好的配器方案进行演奏。

引导语：现在请你们轻轻地把小椅子下面的乐器拿出来，看老师的指挥进行演奏。

2. 幼儿各声部自由交换乐器，在教师的指挥下完整演奏乐曲。

引导语：现在请小朋友起立，把你们的乐器放在椅子上，然后选一个你们想演奏的乐器，在

建议增加收拾整理乐器的环节，并作为本活动自然

该位子上坐下来。　　　　　　　　　　　　　结束的方式。

（叶惠玲批注）

池塘音乐会（修订后计划）

活动目标

1. 巩固铃鼓的敲击方法并能随乐演奏。

2. 能根据乐曲结构及图谱的变化，讨论并设计打击乐配器方案。

3. 在活动中保持愉悦的情绪，体验集体合作演奏的乐趣。

活动准备

1. 经验准备：幼儿已有集体随乐表演的经验。

2. 物质准备：音乐、节奏卡、碰铃、铃鼓、响板、手摇铃。

活动过程

一、欣赏乐曲，初步感受乐曲的形象、节奏。

引导语：听完这首曲子，你有什么感觉？（活泼、快乐，就像过年一样的热闹。）

二、设置“池塘音乐会”情境，引导幼儿根据情境欣赏音乐。

引导语：原来池塘里正在上演一场精彩又热闹的音乐会呢！有哪些小动物来参加了音乐会呢？它们会干些什么呢？

三、再次欣赏音乐，分清乐曲结构。

1. 引导语：这场池塘音乐会热闹吗？这次我们再来听一下音乐，听听看音乐有几段。

2. 引导语：什么地方是萤火虫出来了，一闪一闪，亮晶晶的？什么地方是荷花慢慢开放了？什么地方是青蛙呱呱叫，在荷叶上蹦跳？（教师逐一出示图谱或者当场画出线条图谱。）

四、出示乐器，引导幼儿一一说出乐器名称并探索配器方案。

1. 引导语：萤火虫出来了，一闪一闪，亮晶晶的，哪一种乐器的声音最像萤火虫在闪闪发光呢？荷花慢慢开放了，可以用什么乐器表示？什么声音最像青蛙呱呱叫？小青蛙在荷叶上要用哪一种乐器？（重点引导幼儿探索铃鼓的敲击方法。）

2. 引导语：铃鼓可以用什么样的方式让它发出好听的声音呢？（可以把铃

鼓的鼓面当成荷叶，把小手当成小青蛙。“小青蛙”在“荷叶”上要轻轻地跳。)

五、熟悉节奏，用拍手表示节奏。

教师指挥幼儿分声部做动作，幼儿根据教师面向不同小组的动作暗示，迅速、准确地做出反应。

六、分声部进行乐器表演。

1. 幼儿根据设计好的配器方案进行演奏。

引导语：现在请你们轻轻地把小椅子下面的乐器拿出来，看老师的指挥进行演奏。

2. 幼儿各声部按小组交换乐器，在教师的指挥下完整地演奏乐曲。

引导语：现在请小朋友起立，把你们的乐器放在椅子上，然后选一个你们想演奏的乐器，在该位子上坐下来。

七、整理乐器，活动自然结束。

点线之舞（小班·美术）

活动目标

1. 欣赏大师作品，感受点线变化带来的美感。

2. 在游戏情境中表现美、创造美。

> 目标 2 表述比较笼统，到底表现什么美？用什么表现？建议改为："尝试用点、线等形式表现星空美。"

活动准备

1. 经验准备：幼儿观察过星空，玩过数星星的游戏。

2. 物质准备：美术纸、颜料、勾线笔、棉签、海绵、抹布、围兜、颜料盘等，音乐，课件"美丽星空"，米罗作品《星空》。

活动过程

一、观看课件，激发幼儿的兴趣。

> "观看课件"表达不清楚，观看什么内容的课件？建议改为"播放'美丽星空'课件"。

1. 引导语：图片上有什么？什么颜色？什么样子？

2. 教师用线把点与点之间连接起来。

引导语：星星是好朋友，让它们拉拉手。

> 在美术活动中要谨慎使用示范的教学方法，因为教师的直接示范会影响幼儿想象力的发挥，制约幼儿的个性化创作。建议改为："请幼儿说一说怎样让星星手拉手，成为好朋友。"

二、玩一玩：鼓励幼儿画出各种黑点并用各种线条进行连接。

1. 尝试用画或印的方法在纸上添画黑点。

引导语：画纸上的图形也想交很多很多的朋友，小朋友们一起帮它们变出来吧！

> 引导语不明确，无法给幼儿的行动带来明确的指示，幼儿可能不知道要做些什么。建议改为："画纸上的星星想有很多很多的朋友，怎么变出来？"引导幼儿提出用画或印的形式表现星星。

2. 尝试用线条将黑点连接起来。

引导语：这些黑点想手拉手做游戏，你们来帮助它们吧！

三、看一看：欣赏米罗名画《星空》。

1. 引导语：大人也喜玩这样的游戏，大画家米罗爷爷就用点和线变出了一幅美丽的画。我们一起来看看。

2. 引导语：米罗爷爷的这幅画有一个好听的名字叫《星空》，你在画里看到了什么？它像什么？

四、画一画：用油画棒、颜料添画。

1. 提出要求。

引导语：米罗爷爷的作品上有很多有趣的形状和漂亮的颜色，小朋友们也可以用油画棒、喷壶等，在你们的作品中加上你们喜欢的颜色。

2. 鼓励幼儿利用油画棒、喷壶等进行添画。

五、作品欣赏。

该环节交代过于简单，有走过场之嫌。采用什么形式进行欣赏、欣赏的侧重点是什么、教师怎样指导幼儿欣赏等问题都应做必要的交代。其实在幼儿美术活动中，作品的交流与分享、欣赏环节是教师了解幼儿美术水平（听画与读画）、提升幼儿美术水平以及体现教师对幼儿美术活动指导水平的极为重要的途径和方式。可以这样说，教师不重视交流与分享环节，就不懂得美术活动组织与指导的真谛。

（刘志清批注）

点线之舞（修订后计划）

活动目标

1. 欣赏大师作品，感受点线变化带来的美感。

2. 尝试用点、线等形式表现星空美。

活动准备

1. 经验准备：幼儿观察过星空，玩过数星星的游戏。

2. 物质准备：美术纸、颜料、勾线笔、棉签、油画棒、喷壶、抹布、围兜、颜料盘等，背景音乐，课件“美丽星空”，米罗作品《星空》。

活动过程

一、播放“美丽星空”课件，激发幼儿的兴趣。

引导语：星空上有什么？什么颜色？什么样子？

二、请幼儿说一说怎样让星星手拉手，成为好朋友。

三、鼓励幼儿画出大小黑点，并用各种线条进行连接。

1. 尝试用画或印的方法在纸上添画黑点。

引导语：画纸上的星星想有很多很多的朋友，怎么变出来？（引导幼儿提出用画或印的形式表现星星。）

2. 尝试用线条将黑点连接起来。

引导语：这些黑点想手拉手做游戏，你们来帮助它们吧！

四、引导幼儿欣赏米罗名画《星空》。

1. 引导语：大人也喜玩这样的游戏，大画家米罗爷爷就用点和线变出了一幅美丽的画。我们一起来看看。

2. 引导语：米罗爷爷的这幅画有一个好听的名字叫《星空》，你在画里看到了什么？它像什么？

五、指导幼儿创作，用油画棒、颜料添画。

1. 提出要求。

引导语：米罗爷爷的作品上有很多有趣的形状和漂亮的颜色，小朋友们也可以用油画棒、喷壶等，在你们的作品中加上你们喜欢的颜色。

2. 鼓励幼儿利用油画棒、喷壶等进行添画。

六、组织幼儿欣赏作品，分享创作乐趣。

1. 展示作品，引导幼儿欣赏与交流。

引导语：你最喜欢哪幅作品？星星在干什么？（鼓励幼儿尝试评价图画。）

2. 幼儿自由交流。

3. 请个别幼儿在集体面前做分享交流。

七、以幼儿与组合的星空画合影的形式结束活动。

美丽的灯笼（中班·美术）

活动目标

1. 学习运用黏合、穿孔、撕贴等方法制作灯笼。

2. 能大胆地想象并尝试独立设计有规律的灯笼图案。

3. 喜欢参与手工活动，体验制作的乐趣。

活动准备

1. 经验准备：幼儿已具有黏合、规律排序等经验。

2. 物质准备：一次性彩碗、橡皮筋、双面胶、铃铛、牙签、回形针、图形贴、制作灯笼的图片、音乐、灯笼。

用图形贴装饰的方式无法支持幼儿设计有规律的灯笼图案。为了支持幼儿创造性地装饰灯笼，建议提供多种装饰材料，而不仅仅是图形帖。建议提供更丰富的制作灯笼基本骨架的材料，以及更多样装饰灯笼的材料，这样有利于支持幼儿制作造型各异、装饰独特的灯笼。

活动过程

一、以“新春赏灯”的情境导入。

引导语：新年快到了，到处都挂满了灯笼。走，我们一起去看看哪一个是你最喜欢的灯笼，说一说你为什么喜欢它。

建议环节的表述以“干什么，主要目的是什么”的形式撰写，这样更有利于理清活动思路。

二、介绍制作材料，讲解制作难点。

1. 引导语：这些灯笼都很漂亮，老师也忍不住自己动手做了一个灯笼。看，这是老师做的灯笼，它是用什么材料做的？

2. 教师结合图片讲解示范操作难点：如何将绳子穿过洞。

在制作灯笼之前，幼儿对各种灯笼的充分感受和欣赏是非常重要的，否则幼儿在制作灯笼时难以进行丰富的、创造性的表达。建议在活动导入之后，安排一个完

三、提出要求。

1. 使用牙签将绳子穿过洞时，绳子要横在洞上。

2. 装饰灯笼图案前，先想好要怎么排列，再贴在灯笼上。

3. 保持桌面的整洁，不用的材料放进筐内。

四、幼儿操作，教师巡视指导。

鼓励能力强的幼儿进行创意装饰，鼓励能力中等的幼儿独立完成作品，帮助能力较弱的幼儿掌握难点。

五、引导幼儿相互介绍自己做的灯笼，师幼做简单评价。

六、以“过新年挂灯笼”的形式自由结束活动。

引导语：小朋友们做的灯笼真漂亮，让我们一起提着灯笼来跳舞吧！

（幼儿随着音乐舞蹈，并结束活动。）

整的环节组织幼儿感受、欣赏各种灯笼。

（曹桂莲批注）

美丽的灯笼（修订后计划）

活动目标

1. 学习运用黏合、穿孔、撕贴等方法制作灯笼。

2. 能大胆地想象并设计灯笼，能利用多种材料有规律地装饰灯笼。

3. 喜欢参与手工活动，体验制作的乐趣。

活动准备

1. 经验准备：幼儿已具有黏合、规律排序等经验。

2. 物质准备：（1）一次性彩碗、方便面碗、大小适宜的废旧纸盒。（2）图形贴、超轻泥、扭扭棒、金片、羽毛以及生活中收集的可以用于装饰的废旧材料。（3）橡皮筋、双面胶、铃铛、牙签、回形针。（4）制作灯笼的图片、背景音乐、教师自制的灯笼。

活动过程

一、以“新春赏灯”的情境导入，激发幼儿参与活动的兴趣。

引导语：新年快到了，到处都挂满了灯笼。走，我们一起去看看都有哪些漂亮的灯笼。

二、引导幼儿欣赏各种灯笼，感受灯笼的造型美、装饰美。

1. 组织幼儿欣赏灯笼。

2. 组织幼儿说一说自己喜欢的灯笼以及原因。

3. 重点引导幼儿欣赏几个典型的灯笼（造型、装饰）。

提问：这个灯笼的造型像什么？这个灯笼是怎么装饰的？

三、介绍制作材料，讲解制作难点。

1. 介绍制作材料。

（1）引导语：这些灯笼都很漂亮，等会儿请小朋友们也制作一个属于自己的灯笼，现在来看看我们都有什么材料吧！

（2）引导语：这个是什么？可以用来做什么？

2. 讲解制作难点。

引导语：老师也忍不住自己动手做了一个灯笼。看，这是老师做的灯笼，它是用什么材料做的？绳子是如何穿过洞的？（教师结合图片讲解示范。）

四、幼儿操作，教师观察与指导。

1. 提出要求。

（1）使用牙签将绳子穿过洞时，绳子要横在洞上。

（2）装饰灯笼图案前，先想好要怎么排列，再装饰灯笼。

（3）保持桌面的整洁，不用的材料放进筐内。

2. 幼儿操作。

鼓励幼儿独立完成制作并进行创意装饰，帮助操作困难的幼儿掌握难点。

五、引导幼儿相互介绍自己的灯笼，师幼做简单评价。

六、以“过新年挂灯笼”的形式自由结束活动。

1. 引导语：小朋友们做的灯笼真漂亮，让我们一起提着灯笼来跳舞吧！

2. 幼儿随着音乐舞蹈，自然结束活动。

活动延伸

区域活动：在美工区投放制作灯笼的材料，支持幼儿继续制作各种各样的灯笼。

画　愿　望（大班·美术）

活动目标

1. 尝试用自身独特的绘画方式表达自己的新年愿望。

2. 学习用简洁的线条、鲜明的色彩作画。

3. 体验有创意地制作新年愿望卡的乐趣。

本活动是主题意愿画，大班意愿画侧重引导幼儿使用恰当的色调、合理的构图，大胆、有创意地表现主题，并能大胆表达自己的想象和表现内容。因此，目标的定位和表述需调整。建议改为：“1. 学习有目的地安排画面，表现出一定的情节。2. 能用自己独特的绘画方式大胆表达自己的新年愿望。3. 乐于分享自己的新年愿望，体验制作愿望卡的乐趣。”

活动准备

1. 经验准备：活动前，请家长和幼儿说一说各自的新年愿望。

2. 物质准备：愿望树、愿望卡、卡纸、白色画纸、勾线笔、油画棒、剪刀、固体胶、愿望卡装饰品、双面胶、背景音乐《新年好》。

建议活动开展前组织幼儿裁剪颜色、形状不一的愿望卡模板，以支持幼儿成品的多样性。

活动过程

一、谈话导入。

这是个无意义的导入，与后续活动没有关联。

引导语：小朋友，你们知道今天是几月几日吗？今天是2015年1月8日。是什么年？羊年。2014年已经结束了，新的一年已经来到了。

二、组织幼儿想一想、说一说自己的新年愿望。

1. 教师分享自己在2015年的愿望。

引导语：2015年老师有个愿望，就是希望小朋友们能够健健康康、开开心心地成长。

2. 请幼儿想一想自己2015年的愿望是什么，然后请个别幼儿说一说自己的愿望。

引导语：小朋友，你们在 2015 年有什么愿望呢？请好好地想一想，想好了举手告诉老师。

3. 请幼儿之间说一说自己的愿望。

引导语：哇，这几个小朋友都说出了自己的愿望，现在你可以跟你的好朋友互相分享一下你的愿望是什么。

三、介绍作画材料，提出作画要求。

这一环节的主要任务有三：引导幼儿思考画面布局，介绍作画材料，提出作画要求。目前的设计，只有后两个任务。

1. 教师介绍自己的愿望画。

这里要引导幼儿观察教师的画面布局，根据画面信息猜测老师的愿望；然后引导幼儿思考自己的愿望要怎么画、如何安排画面。

引导语：我们的愿望光说出来是不够的，我们还可以把它画出来哦！老师已经把 2015 年的愿望画在卡片上了，给你们欣赏一下吧！

2. 介绍绘画材料。

引导语：老师的愿望卡的背景是用卡纸做的，而愿望则是画在白色纸上，并涂上颜色，然后用剪刀把它剪下来，用固体胶在背面涂一涂，贴在卡纸上。贴好之后，你们还可以选自己喜欢的装饰材料，把愿望卡装饰得漂漂亮亮的。现在老师就把做好愿望卡挂到愿望树上，这样老师的愿望就能够实现了。

教师的引导语应侧重介绍本次绘画活动提供给幼儿作画的材料，而不是介绍教师愿望画的作画过程。

3. 提出绘画要求。

引导语：我们一起把自己的愿望画出来吧！在画愿望卡的时候要注意以下几点要求。

（1）不大声说话，不随便走动，需要帮助可以举手。

（2）画愿望前要先选好卡纸，然后好好想想你的愿望，在小脑袋里把愿望画出来。

（3）看看卡纸大小、颜色，然后在白纸上画出跟卡纸一样大小的愿望。

从这句话可知本次活动的作画方式是：第一，在白纸上把愿望画下来，再涂色；第二，把愿望画剪下来；第三，粘贴在愿望卡上。这样安排活动，时间太长，而且作品不一定美观。幼儿布局画面是根据纸张的大小，要求幼儿"看看卡纸大小、颜色，然后在白纸上画出跟卡纸一样大小的愿望"很难。建议教师为幼儿准备一些浅色卡纸，直接在卡纸上作画。

(4) 涂色的时候尽量不要涂和卡纸一样的颜色。

建议删除，幼儿有自己的审美能力，不是教师的一句提醒就能发展幼儿的审美能力的。

(5) 垃圾要丢在桌上的小篮子里，不要丢到地上。

四、播放背景音乐，幼儿绘画创作，教师巡回指导。

教师巡回指导的要点：帮助幼儿控制好画面大小，适当提醒幼儿添加情节。

五、幼儿作品展示。

建议用"猜一猜、说一说"的方式组织幼儿欣赏作品，"猜一猜"就是请幼儿根据画面猜测愿望，"说一说"是由本人说出自己的愿望，这样活动会更有趣。

引导语：小朋友的愿望都很美好，现在我们把这些愿望卡挂到愿望树上，让我们一起期待这些愿望早点实现。

(曹桂莲批注)

画 愿 望（修订后计划）

活动目标

1. 学习有目的地安排画面，表现出一定的情节。

2. 能用自己独特的绘画方式大胆表达自己的新年愿望。

3. 乐于分享自己的新年愿望，体验制作愿望卡的乐趣。

活动准备

1. 经验准备：活动前，请家长和幼儿说一说各自的新年愿望。

2. 物质准备：愿望树一棵，颜色和形状不一的愿望卡若干，卡纸、勾线笔、油画棒、剪刀、固体胶、双面胶、愿望卡装饰品等若干，事先录制好的幼儿身边人的新年祝福和新年愿望，背景音乐《新年好》。

活动过程

一、聆听身边人录音，激发参与活动的热情。

组织幼儿倾听幼儿园保安叔叔、医生阿姨或身边的其他人的新年祝福和各自的愿望：你们知道今天是几月几日吗？哦，新的一年，2015 年已经到了，我们一起听听叔叔、阿姨们对大家说什么。

二、想一想、说一说自己的新年愿望，为画新年愿望做准备。

1. 请幼儿想一想自己的新年愿望。

引导语：请小朋友想一想自己 2015 年的愿望是什么，等会儿我请你们来说一说。

2. 请个别幼儿在集体面前说一说自己的新年愿望。

3. 组织幼儿与旁边的同伴说一说自己的愿望。

三、思考画面的布局，了解作画材料和作画要求。

1. 引导幼儿思考画面的布局。

出示教师的愿望画，请幼儿观察画面布局，并猜一猜愿望：这是老师的愿望画，请你们说一说我的愿望画里有什么、它画在哪里。请你们猜一猜我的愿望吧！

2. 组织幼儿说一说在愿望卡上要画什么、画面如何布局。

3. 介绍绘画材料。

4. 提出绘画要求。

(1) 画愿望前要先选好自己喜欢的卡纸，然后好好想想如何画你的愿望。

(2) 不大声说话，不随便走动，以免影响别人。

(3) 垃圾要丢在桌上的小篮子里，不要丢到地上。

四、幼儿聆听背景音乐进行绘画创作，教师巡回观察与指导。

指导要点：引导幼儿布局好画面，适当提醒幼儿表现出情节。

五、猜一猜、说一说新年愿望，展示与欣赏作品。

1. 请幼儿将愿望卡粘贴在展板上，组织幼儿欣赏愿望卡。

2. 组织大家猜一猜部分幼儿的新年愿望，然后由本人揭晓答案。

活动延伸

区域活动：引导幼儿在美工区继续画其他的愿望，制作成愿望卡保存在成长档案里。

小小波洛克（大班·美术）

活动目标

1. 欣赏波洛克的抽象画作品，感受艺术大师作品的艺术美。

2. 了解绘画艺术手法的多样性、丰富性。

3. 初步学会用各种工具快乐、自由、大胆地创作。

活动目标写得比较空泛，在具体性方面需要加强。建议改为："1. 欣赏波洛克的抽象画作品，感受作品自由奔放、无定形的抽象画风格。2. 初步了解滴洒的作画方法，发挥想象力，尝试用波洛克的绘画方法进行创作。3. 大胆选用不同工具进行绘画，体验创作的乐趣。"

活动准备

1. 经验准备：事先请家长给幼儿看些波洛克的画。

2. 物质准备：（1）介绍波洛克作画过程的视频。（2）稀释的颜料、针筒、可乐瓶子、洗手液瓶子、喷壶、刷子、弹珠、托盘等。（3）背景音乐、教育挂图《会聚：第10号》。

这里漏了绘画的纸张。

活动过程

一、欣赏作品，交流讨论。

"欣赏作品，交流讨论"对于美术欣赏活动是比较难的，需要教师充分的引导和清晰、有层次的提问。这一环节的小步骤需要梳理得更清晰些。

出示教育挂图《会聚：第10号》，引导幼儿欣赏感受。

1. 引导语：今天老师带来了一幅画，我们一起来看一看，你们在画上看到了什么？

2. 引导语：这些线条像什么？

3. 引导语：说得很好，很棒！你们发现了图画中不同的色彩，还有复杂的线条。画家画这幅画用了哪些颜料？这些颜色在画面上是怎么安排的呢？

4. 小结：小朋友们说得真好，你们发现了这幅画色彩和线条的特点，还很有想象力地将艺术大师的作品想象成了星空和地图。

二、提问激发幼儿兴趣，介绍大师。

1. 引导语：那你们再猜一猜图画上的颜色和线条是怎么画上去的。那画家到底是怎么创作的呢？我们一起来看一看吧！

2. 播放介绍波洛克作画过程的视频，结合实物演示（滴流、甩动、泼洒），介绍波洛克的作画方式。

3. 小结：刚刚我们欣赏的这幅作品是美国画家波洛克的作品《会聚：第10号》，这幅画线条看起来有点乱，但却很和谐、很有意思、很美。“会聚”意思是各种颜色的聚会。波洛克作画的方式很特别。他把画布铺在地上，提着颜料桶，听着音乐，围着画布如同跳舞般旋转、走动，把颜料滴在画布上，有时候他还用棍子、铲子来作画。

这一环节的主要任务是了解大师的作画风格和“滴洒法”作画方法。从这一环节的表述来看，教师的设计思路不清晰，建议改为：“观看大师创作过程的视频，初步了解滴洒的作画方法。”

三、自由选择，大胆创作。

1. 组织幼儿自由选择材料。

(1) 引导语：你们想当波洛克吗？你们会选择什么工具？怎么用这些工具来创作？小朋友们可以先和自己身边的小伙伴讨论一下。

(2) 引导语：你们用这些材料要怎么进行创作呢？和谁一起呢？

(3) 小结：刚才小朋友们想出了许多创作的方法，有用牙刷画、用壶喷画、用弹珠滚色画、用针管滴画等各种方法。那在创作的时候老师希望小朋友们能够先想好自己想用的工具和形式，想好了怎么画再创作，可以独立完成，也可以和好朋友分工合作。

从活动过程来看，教师主要是想引导幼儿作画前先思考，因此，小标题的表述有问题。另外，建议在组织幼儿思考前，先介绍作画材料。

2. 幼儿自由创作。

(1) 提出作画要求。

①创作之前请先穿好围兜，创作过程中保持自身及周围环境的整洁。

②创作过程中尽量不要打扰别人的创作，节

约纸张和颜料等材料。

引导语1：你想用什么方法来创作呢？真棒，你想用喷壶来创作，创作的时候要注意色彩搭配，还要注意自身和画面的整洁。

引导语1、引导语2不适合放在这里，也不适合这样表述。

引导语2：你想在布上用牙刷画吗？这么大的布你一个人可以完成吗？是的，和小朋友一起合作会有不同的效果！

(2) 幼儿自由组合创作，教师观察与指导。(播放背景音乐。)

指导要点：指导幼儿尝试用多种工具作画，创作时注意色彩的搭配。

四、互相欣赏，尝试取名。

1. 引导语：哪个小朋友想来和大家说一说你用了什么工具、什么颜色，是怎么作画的，你想给你的作品取什么名字？

2. 引导语：小朋友们创作的作品和艺术大师波洛克的作品一样美，我们等会儿一起把这些画布置在班级“小小艺术大师”区域，你们可以相互说说或者向爸爸妈妈说说自己的作品以及自己喜欢的作品。老师也会将这些作画工具、材料放在美工区，大家可以在区域时间继续创作。

活动延伸

1. 环境创设：创设“小小艺术大师”栏，将幼儿的画张贴在上面，供幼儿和家长欣赏。

2. 家园共育：通过家长会、家长园地等形式，让家长多给幼儿欣赏一些西洋画、中国画，鼓励幼儿在家自由创作。

3. 领域渗透：结合手工游戏“拼图游戏”，引导幼儿进一步熟悉世界大师的作品，学习鉴别不同的艺术风格。

(曹桂莲批注)

小小波洛克（修订后计划）

活动目标

1. 欣赏波洛克的抽象画作品，感受作品自由奔放、无定形的抽象画风格。

2. 初步了解滴洒的作画方法，发挥想象力，尝试用波洛克的绘画方法进行创作。

3. 大胆选用不同工具进行绘画，体验创作的乐趣。

活动准备

1. 经验准备：事先请家长给幼儿看些波洛克的画。

2. 物质准备：(1) 介绍波洛克作画过程的视频。(2) 稀释的各种颜料、针筒、可乐瓶子、洗手液瓶子、喷壶、刷子、弹珠、托盘等作画工具若干份，大画纸、围兜人手一份。(3) 背景音乐、教育挂图《会聚：第 10 号》。

活动过程

一、欣赏《会聚：第 10 号》，初步感受作品的风格、线条、色彩。

1. 出示教育挂图《会聚：第 10 号》，引导幼儿总体欣赏、感受。

引导语：今天老师带来了一幅画，请小朋友们好好欣赏一下这幅画的线条、色彩和总体风格。

2. 充分引导幼儿表达欣赏作品后的感受。

提问：①这幅画给你什么感觉？②画面上的线条怎么样？这些线条像什么？③这幅画用了哪些颜料？这些颜色在画面上是怎么安排的呢？

3. 介绍作品的名称和创作者。

二、观看大师创作过程的视频，初步了解滴洒的作画方法。

1. 引导幼儿猜一猜作品的创作过程。

引导语：请你猜一猜画家是怎么画出这样一幅画的。

2. 播放介绍波洛克作画过程的视频，介绍波洛克的作画方式。

(1) 提问：①视频中的画家是用什么工具在哪里画画的？②他画画的时候，有哪些特别的动作？你能模仿出来吗？（教师注意结合具体材料进行讲解和演示。）

(2) 小结：波洛克作画的方式很特别。他把画布铺在地上，提着颜料桶，听着音乐，围着画布如同跳舞般旋转、走动，把颜料滴在画布上，有时候他还用棍子、铲子来作画。

3. 引导幼儿徒手物模仿波洛克的作画方式（滴流、甩动、泼洒）。

三、自由选择工具，尝试用波洛克的作画方法进行创作。

1. 激发创作动机。

提问：你们想当波洛克吗？你会选择哪些工具来画画？

2. 介绍可选择的作画工具，幼儿自由选择。

引导语：刚才小朋友们想出了许多创作的方法，有用牙刷画、用壶喷画、用弹珠滚色画、用针管滴画等。看看今天老师给你们带来了哪些材料，想想你们打算怎么用这些工具来创作。

3. 幼儿自由创作。

(1) 提出作画要求。

①画画之前请先穿好围兜，不要将颜料甩得到处都是。

②创作过程中尽量不要打扰别人的创作，不要浪费纸张和颜料。

(2) 播放背景音乐，幼儿自由组合创作，教师观察与指导。

指导要点：指导幼儿尝试用多种工具作画，创作时注意色彩的搭配。

四、互相欣赏作品，尝试命名作品。

1. 展示作品，组织幼儿相互欣赏。

引导语：画好的小朋友将你们的画轻轻地、稳稳地放到桌面上，不要盖住别人的作品。

2. 分享与评价作品，给作品取名字。

五、以“提出建议”的方式结束活动。

引导语：小朋友们的画都很棒！现在我们把这些画布置在班级“小小艺术大师”区域，你们可以相互说说或者向爸爸妈妈说说自己的作品以及自己喜欢的作品。老师也会将这些作画工具、材料放在美工区，大家可以在区域时间继续创作。

活动延伸

1. 环境创设：创设“小小艺术大师”栏，将幼儿的画张贴在上面，供幼儿和家长欣赏。

2. 区域活动：将作画工具、材料放在美工区，支持幼儿继续尝试用泼洒等作画方式创作。

第四辑　活动内容选择问题

在阶段性教育目标下，教师编撰具体教育活动计划的第一步，往往面临着活动内容的选择问题。活动内容的选择一般会以幼儿年龄特点、近期兴趣点、发展的实际需要以及活动开展所需的一些主客观条件等各方面因素为依据。选择了一个既适宜又有趣的活动内容，也就意味着该活动具备了得以高质量演绎的重要基础。因而，教师在活动内容的选择上一般会下一番功夫去考虑，所选择的活动内容正常情况下不会出现太大的偏差。是故，本辑也仅选取两个比较典型的案例来进行说明。

其一，幼儿教师有时由于经验的原因，或者是过分依赖现成的一些教参资料，会机械地执行教参上的教学计划。例如，某教参上有个小班语言活动"大苹果"，这则故事单从篇幅而言是适宜小班学习的，但从故事所承载的有关社会性方面的价值（看到朋友遇到困难时要主动帮助别人，体验帮助别人的快乐），以及故事中所涉及的词汇（绿油油、又红又香、满头大汗、气喘吁吁等）来看，并不适宜小班幼儿学习，或者说小班幼儿学习该故事是有难度的。针对这种情况，教师一要将活动内容所蕴含的价值与年龄班的要求紧密联系起来；二要根据年龄班的实际情况对内容进行灵活处理，如故事《大苹果》里涉及较多小班幼儿理解起来有较大困难的词语，教师可以在不破坏原故事主题的前提下，寻找合适的词语进行替换。

其二，有的教师可能因贪多求全，希望能在一个具体活动中，通过开展比较多的活动内容来实现较多的活动目标，也就是说存在着活动容量偏大的问题。这种现象在艺术作品学习活动中表现比较突出。有的教师在活动目标的拟订上既有作品学习的要求（如熟悉作品内容，学会朗诵、讲述，或欣赏与感受艺术手法等），又有分量比较足的创作任务（如仿编作品或表演作品）。如大班科学活动"有趣的弹簧玩具"，从原订的活动目标"积极探索弹簧的弹性和材料之间的关系，感受弹簧的特性""掌握圆柱螺旋弹簧的方法，尝试制作弹簧玩具，体验科学小制作的乐趣"来看，活动的容量偏大，容易导致活动各环节匆匆走过场，或活动开展的时间过长等问题。如果各环节如蜻蜓点水般地匆匆而过的话，这样的科学探究活动必定收效甚微。因为理想的科学探究活动应该让幼儿有充分的时间去探究与感受，而不是“赶时间、走过场”，探究过程应该是幼儿难忘的、触及心灵的探究之旅。如果活动时间过长，则有可能导致幼儿精神疲惫、注意力不集中或兴致低落。建议将这一活动设计成具有递进关系的两次活动：第一次活动主要引导幼儿感受弹簧的弹性，第二次活动引导幼儿制作有趣的弹簧玩具。

大　苹　果（小班·语言）

活动目标

1. 了解故事的主要内容，培养幼儿的观察力、想象力和语言表达能力。

2. 理解并学习词语：又×又×、满头大汗、气喘吁吁。

3. 看到朋友遇到困难时要主动帮助别人，体验帮助别人的快乐。

目标1后半句过于笼统，不好操作，因为这不是一次活动就可以完成的活动目标。目标2中的词语对小班幼儿来讲，显然是超越了他们的接受水平。目标3明显不适宜，它是《指南》在社会领域中对5～6岁幼儿提出的要求，即“能关注别人的情绪和需要，并能给予力所能及的帮助”。建议把目标3改为引导幼儿学习故事中的礼貌用语，如“谢谢”“不用谢”“再见”等。建议将活动目标改为：“1. 理解故事主要内容，学习故事的主要对话，如：‘谢谢乌龟伯伯！’‘不用谢！再见！’2. 能看懂画面，知道画面所呈现的故事的主要线索。3. 学习词语‘绿油油’‘又红又香’。”按常理还应该有一条情感态度类目标，如“喜欢听故事，体验听故事的乐趣”，这里不体现的理由有二：一是这条目标能否达成，其实是取决于教师在活动中对故事的演绎水平。若是高水平的演绎以及高质量的组织，幼儿自然而然就会喜欢上故事学习活动，并从中体验到乐趣。因而，写不写这条目标并不重要，重要的是教师在活动过程中是怎么做的。二是这条目标似乎适合所有的故事学习活动，针对性不强，有套路的嫌疑。

活动准备

物质准备：故事课件“大苹果”、实物苹果、词语卡。

活动过程

一、激发兴趣。

在活动的导入环节应明确交代具体的导入方式，只笼统地写“激发兴趣”显然不妥。

二、分段播放故事课件，引导幼儿理解故事内容。

第一遍讲述故事，一般主张教师亲自做完整而有表情的讲述。教师第一遍讲述质量的高低，对整个故事学习活动的效果有重要影响。教师高水平的故事演绎可以一下子将

1. 播放课件1。

引导语：①在绿油油的草地上，

谁来了？它看见了什么？②这是一只怎样的苹果？（学习词语：又×又×。）③这只苹果大吗？你是从哪里发现的？（幼儿猜测。）

2. 播放课件2、3。

（1）引导语：这么大的苹果，小老鼠用力地推，推得怎么样了？你从哪里看出来小老鼠推不动苹果？咱们帮小老鼠一起推。（引导幼儿观察小老鼠的表情、动作，可以用非语言的形式表现出来。）

（2）丰富词语：满头大汗、气喘吁吁。（幼儿用动作学一学。）

3. 播放课件4。

引导语：①大苹果被推到了一条宽宽的河边，小老鼠会想什么？②小老鼠过不了河怎么办？有什么办法能帮小老鼠过河？（幼儿讨论办法，鼓励幼儿大胆想象，踊跃发言。）

4. 播放课件5、6。

引导语：小朋友想了这么多办法，我们来看看小老鼠到底是怎样过河的。

5. 播放课件7。

引导语：乌龟伯伯背着小老鼠和大苹果游过了河。小老鼠会说什么？乌龟伯伯会怎么回答呢？

三、完整地欣赏故事。

1. 你喜欢故事里的哪个动物？为什么？（幼儿自由发表意见。）

幼儿的注意力吸引过来，将幼儿参与故事学习的兴趣激发出来。总之，教师在讲述故事时，要尽可能让幼儿有这样的感觉：今天老师带来的这则故事很好听、很有趣，要继续听下去。完整讲述之后才建议结合课件或教具分段讲述。

这个问题需要幼儿进行较深层次的思考，且可能需要一定的表达水平，对小班幼儿来讲显然是难度偏大。如果能围绕故事中小老鼠与乌龟伯伯的简短对话设计问题，会更适宜。

2. 教师总结：这个故事告诉我们：当看到朋友有困难的时候，我们要主动帮助别人。当我们得到别人的帮助时，要学会说感谢的话。

这样的总结显得过于生硬，带有很强的说教意味。这可能与原来的活动目标定位不准确有关。

活动资料

大　苹　果（故事）

在绿油油草地上，小老鼠看见了一个又红又香的大苹果，想把它推回家。

小老鼠用力地推，“哎哟哎哟”，推得满头大汗、气喘吁吁。大苹果被推到了一条宽宽的河边，小老鼠着急地想：“我怎么过河呢?”乌龟伯伯伸出了脑袋，说：“小老鼠，别着急，我来帮助你!”乌龟伯伯背着小老鼠和大苹果游过了河。小老鼠高兴地说：“谢谢乌龟伯伯!”乌龟伯伯说：“不用谢！再见!”

这则故事单从篇幅而言是适宜小班幼儿学习的，但从故事所承载的有关社会性方面的价值，以及故事中所涉及的词汇（绿油油、又红又香、满头大汗、气喘吁吁等）来看，并不适宜小班幼儿学习，或者说小班幼儿学习该故事是较有难度的。

（严碧芳批注）

大　苹　果（修订后计划）

活动目标

1. 理解故事主要内容，学习故事的主要对话，如：“谢谢乌龟伯伯!”“不用谢！再见!”

2. 能看懂画面，知道画面所呈现的故事的主要线索。

3. 学习词语“绿油油”“又红又香”。

活动准备

物质准备：故事课件“大苹果”、实物苹果。

活动过程

一、实物导入，激发兴趣。

引导语：小朋友们平时都喜欢吃苹果，如果有一只小老鼠在绿油油的草地上看到一只又红又香的大苹果，小老鼠会怎么想、怎么办呢？

二、完整讲述故事。

提问：①故事名称叫什么？小老鼠看到一只又红又香的大苹果，它是怎么想的？②小老鼠把大苹果推回家，路上遇到什么事情？是谁帮助它的？

三、播放课件，分段讲述故事，引导幼儿理解故事内容。

1. 播放课件1。

引导语：①在绿油油的草地上，谁来了？它看见了什么？（学习词语：绿油油。）②这是一只怎样的苹果？（学习词语：又红又香。）③这个苹果大吗？你是从哪里发现的？（引导幼儿猜测。）

2. 播放课件2、3。

（1）引导语：这么大的苹果，小老鼠用力地推，推得怎么样了？你从哪里看出来小老鼠推不动苹果？咱们帮小老鼠一起推吧。（引导幼儿观察小老鼠的表情、动作，可以用非语言的形式表现出来。）

（2）丰富词语：满头大汗、气喘吁吁。（鼓励幼儿用动作学一学。）

3. 播放课件4。

（1）引导语：①大苹果被推到了一条宽宽的河边，小老鼠会想什么？②小老鼠过不了河怎么办？有什么办法能帮小老鼠过河？（组织幼儿讨论办法，鼓励幼儿大胆想象，踊跃发言。）

（2）过渡语：小朋友想了这么多办法，我们来看看小老鼠到底是怎样过河的。

4. 播放课件5、6。

提问：小老鼠到底是怎样过河的？

5. 播放课件7。

提问：乌龟伯伯背着小老鼠和大苹果游过了河。小老鼠会说什么？乌龟伯伯会怎么回答呢？

四、再次完整地讲述故事。

1. 提问：你喜欢故事中的哪一句话？

2. 小结：请小朋友跟老师一起学故事中小老鼠和乌龟伯伯的对话。“小老鼠高兴地说：‘谢谢乌龟伯伯！’乌龟伯伯说：‘不用谢！再见！’”

五、在师幼学习故事对话中，活动自然结束。

有趣的弹簧玩具（大班·科学）

活动目标

1. 积极探索弹簧的弹性和材料之间的关系，感受弹簧的特性。

2. 掌握圆柱螺旋弹簧的方法，尝试制作弹簧玩具，体验科学小制作的乐趣。

从活动目标来看，本活动的容量偏大，容易导致活动各环节匆匆走过场，或活动开展的时间过长等问题。如果各环节如蜻蜓点水般地匆匆而过的话，那么，这样的科学探究活动必定收效甚微。因为理想的科学探究活动过程应该让幼儿有充分的时间去探究与感受，探究过程应该是幼儿难忘的、触及心灵的探究之旅。如果活动时间过长，则有可能导致幼儿精神疲惫、注意力不集中或兴致低落。建议将这一活动设计成具有递进关系的两次活动：第一次活动主要引导幼儿感受弹簧的弹性；第二次活动引导幼儿制作有趣的弹簧玩具。本活动应该是有关弹簧这一内容的第二次活动。活动目标建议改为：“1. 尝试制作弹簧玩具，进一步感受弹簧的特性。2. 能用连贯的语言清晰表达自己在探索制作过程中的发现。3. 能积极参与科学小制作，并体验活动的乐趣。”

活动准备

物质准备：（1）主材料：扭扭绳、细铁丝若干。（2）选择性材料：铅笔、PC管、笔芯、橡皮泥、瓶盖、一次性杯子、花片积木、动物图片或贴纸若干等。（3）制作工具：记号笔、剪刀、胶带等。（4）课件、轻音乐，记分牌、弹簧小玩具若干，自制弹簧小玩具，已经绕好的弹簧一个。

要保证本活动的顺利开展，除了详细的物质准备外，幼儿还要具备手工制作的经验。

活动过程

一、幼儿玩弹簧玩具，体验弹簧的特性。

1. 幼儿自由玩弹簧玩具。

引导语：请仔细观察一下玩具里有什么小秘密。

2. 认识弹簧。

引导语：你发现了什么？这些玩具会上下跳动，会左右摇摆，这是怎么回事？弹簧在哪里？

3. 小结：弹簧有弹性，当用力的时候弹簧会发生变化，当力消失后，弹簧又变回原来的形状了，这就是弹性的特点。当然，如果用力过度弹簧就会失去弹性。

删去。这是第一次活动的内容，第二次活动的导入环节没有必要重复。

二、认识圆柱螺旋弹簧。

1. 认识圆柱螺旋弹簧。

（1）引导语：这些弹簧是什么样子的？你们还见过哪些物品上有这样的弹簧？

（2）小结：弹簧一般是用金属材料制成的，是螺旋式、有弹性的。生活中的弹簧有很多种（出示课件）。这种圆柱形、螺旋式的弹簧，叫圆柱螺旋弹簧。这些物品装上弹簧，给人们的生活带来了很多便利和乐趣。

2. 介绍扭扭绳、细铁丝，引发思考：你会用什么方法做出一个弹簧？

3. 幼儿自由选择材料制作圆柱螺旋弹簧，在

环节二应是幼儿第一次制作，此小标题表述不当，建议改为："探索制作方法，制作圆柱螺旋弹簧。"该环节是本活动内容的难点部分，只有将这难点有效突破了，后面的重点部分（幼儿制作）才能顺利开展。

制作过程中感受弹簧的特性。教师观察幼儿的制作情况，提醒幼儿注意操作安全。

4. 梳理制作经验。

引导语：将扭扭绳（或细铁丝）紧贴着小棍，用点儿劲来绕。绕的时候，要按顺序一圈挨着一圈慢慢地、均匀地往前绕，不能重叠在一起。拔出小棍的时候，要轻轻地拔。

三、制作弹簧玩具，体验操作的乐趣。

1. 介绍制作材料，引发讨论：你想制作什么样的弹簧玩具?

2. 提出制作要求。

（1）先想好要把弹簧安装在玩具的哪个部位。

（2）用第一次制作的弹簧来做玩具，自由选择材料制作，不能浪费材料。

（3）制作时注意材料、工具的使用安全。

3. 幼儿分组制作，教师重点观察制作情况，提醒幼儿耐心细致地完成科学小制作。鼓励能力强的幼儿帮助同伴完成作品，拿自制的弹簧玩具与教师分享经验。

四、玩弹簧玩具，体验成功的喜悦。

1. 引导幼儿与同伴互相欣赏、交换玩弹簧玩具，说说自己的弹簧玩具有什么特别的地方。

2. 以儿歌形式，验证弹簧玩具是否坚固。

引导语：跳一跳，扭一扭，转个圈，站站好。

3. 鼓励幼儿随着音乐与弹簧玩具一起跳舞，活动自然结束。

活动延伸

引导幼儿到班上、家里找一找，还有什么材料可以做成这样的弹簧玩具。

（许琼华批注）

有趣的弹簧玩具（修订后计划）

活动目标

1. 尝试制作弹簧玩具，进一步感受弹簧的特性。

2. 能用连贯的语言清晰表达自己在探索制作过程中的发现。

3. 能积极参与科学小制作，并体验活动的乐趣。

活动准备

1. 经验准备：幼儿已初步了解弹簧的特性，有手工制作的经验。

2. 物质准备：(1) 主材料：扭扭绳、细铁丝若干。(2) 选择性材料：铅笔、PC管、笔芯、橡皮泥、瓶盖、一次性杯子、花片积木、动物图片或贴纸若干等。(3) 制作工具：记号笔、剪刀、胶带等。(4) 弹簧玩具一个，弹簧若干，课件，轻音乐。

活动过程

一、出示弹簧玩具，激发幼儿兴趣。

引导语：这是我们玩过的弹簧玩具，谁来说说它的特点？

二、探索制作方法，制作圆柱螺旋弹簧。

1. 认识圆柱螺旋弹簧。

(1) 引导语：这些弹簧是什么样子的？你们还见过哪些物品上有这样的弹簧？

(2) 小结：弹簧一般是用金属材料制成的，是螺旋式、有弹性的。生活中的弹簧有很多种（出示课件）。这种圆柱形、螺旋式的弹簧，叫圆柱螺旋弹簧。这些物品装上弹簧，给人们的生活带来了很多便利和乐趣。

2. 介绍扭扭绳、细铁丝，引发思考：你会用什么方法做出一个弹簧？

3. 幼儿自由选择材料制作圆柱螺旋弹簧，在制作过程中感受弹簧的特性。教师观察幼儿的制作情况，提醒幼儿注意操作安全。

4. 梳理制作经验。

引导语：将扭扭绳（细铁丝）紧贴着小棍，用点儿劲来绕。绕的时候，要按顺序一圈挨着一圈慢慢地、均匀地往前绕，不能重叠在一起。拔出小棍的时候，要轻轻地拔。

三、制作弹簧玩具，体验操作的乐趣。

1. 介绍制作材料，引发讨论：你想制作什么样的弹簧玩具？

2. 提出制作要求。

（1）先想好要把弹簧安装在玩具的哪个部位。

（2）用第一次制作的弹簧来做玩具，自由选择材料制作，不能浪费材料。

（3）制作时注意材料、工具的使用安全。

3. 幼儿分组制作，教师指导。

（1）教师重点观察幼儿的制作情况。

（2）提醒幼儿耐心细致地完成科学小制作。

（3）鼓励制作顺利的幼儿帮助同伴完成作品，拿自制的弹簧玩具与教师分享经验。

四、玩弹簧玩具，体验成功的喜悦。

1. 引导幼儿与同伴互相欣赏、交换玩弹簧玩具，说说自己的弹簧玩具有什么特别的地方。

2. 以儿歌形式，验证弹簧玩具是否坚固。

引导语：跳一跳，扭一扭，转个圈，站站好。

3. 鼓励幼儿随着音乐与弹簧玩具一起跳舞，活动自然结束。

活动延伸

引导幼儿到班上、家里找一找，还有什么材料可以做成这样的弹簧玩具。